FABRIZIO FASANO

colecionador de sonhos

Ignácio de Loyola Brandão

FABRIZIO FASANO

colecionador de sonhos

LeYa

Diretor editorial: Pascoal Soto
Editora executiva: Maria João Costa
Editora assistente: Denise Schittine
Assessor editorial: Bruno Fiuza
Pesquisador: Érico Oyama
Diagramação: Abreu's System
Design de capa: Ideias com Peso
Produção Gráfica:
Direção: Marcos Rocha
Gerência: Fábio Menezes

CIP-BRASIL. CATALOGAÇÃO-NA-FONTE
SINDICATO NACIONAL DOS EDITORES DE LIVROS, RJ

Brandão, Ignácio de Loyola
Fabrizio Fasano: colecionador de sonhos / Ignácio de Loyola Brandão; Érico Oyama (Coord.) – Rio de Janeiro: LeYa, 2013.
232 p.

ISBN 978-85-8044-901-3

1. Fasano, Fabrizio 2. Família Fasano 3. Gastronomia 4. Hotelaria – São Paulo I. Título

13-0835 CDD: 641.5945

2013
Todos os direitos desta edição reservados a
TEXTO EDITORES LTDA.
[Uma editora do Grupo LeYa]
Rua Desembargador Paulo Passaláqua, 86
01248-010 – Pacaembu – São Paulo – SP – Brasil
www.leya.com.br

Sumário

O princípio de uma dinastia

No principio, houve Vittorio, casado com Marietta, bela mulher, com quem teve seis filhos: Ugo, Mario, Bruno, Nena, de apelido Adélia, Ruggero e Bianca, que morreu prematuramente.

Assim se inicia o que se pode chamar dinastia da nobreza gastronômica paulistana, os Fasano. Vittorio, um milanês, deixou Gênova, onde estava estabelecido, vindo para São Paulo na última década do século XIX, segundo relatos em família. Foi trabalhar no comércio de café e fez dinheiro. Desde o século XVIII o café se tornara a alavanca da economia brasileira, criando milionários (chamados barões do café), dando base à fundação de cidades, ferrovias e portos. São Paulo no começo do século XX era uma cidade de 240 mil habitantes, que atraía imigrantes italianos, árabes, portugueses, japoneses e judeus. As condições socioeconômicas, o início acelerado da industrialização, o crescimento da população, ocasionaram na Itália desemprego e fome. Entre 1880 e 1929, auge da imigração, nada menos de 3.500.000 italianos desembarcaram no Brasil.

Vila provinciana, que começava a romper o casulo com uma industrialização incipiente. Novas ruas eram abertas, chegava a iluminação elétrica, substituindo os lampiões a gás. A capital dava ares de moderna com uma classe média alta e uma burguesia endinheirada voltada para a Europa. Era comum as grandes famílias viajarem para a França de vapor, levando empregados e sacas de café, arroz e feijão. De lá traziam vestuário, mobiliário, acessórios de decoração e hábitos do bem comer.

Vittorio, mestre confeiteiro, uma vez integrado à cidade, foi trabalhar na Confeitaria Castelões, no Centro, um dos pontos onde a elite paulistana se reunia. A vida social e econômica girava em torno do chamado Triângulo, formado pelas ruas São Bento, Direita e Quinze de Novembro, onde se localizava o centro financeiro. Assim que dominou o ofício, Vittorio arranjou um sócio e abriu seu próprio estabelecimento, a Brasserie Paulista, no largo do Rosário, hoje praça Antonio Prado. A vida ao lado de Marietta corria suave: os filhos foram estudar na Itália; Vittorio juntava-se a eles boa parte do ano. Homem elegantíssimo, levava junto seu carro, um Isotta Fraschini luxuoso, que era o *must* da época, caro e raro. Foi o primeiro a entrar no Brasil.

Bastaram alguns anos para Vittorio, empreendedor e ousado, deixar a sociedade e fundar seu restaurante, o Fasano, o primeiro de uma longa série que atravessaria o século. Na praça Antonio Prado abriu-se a casa mais chique da cidade. Sua cozinha internacional, requintada de sabores e perfumes, se impôs em uma São Paulo ansiosa por novidades e status.

Em 1913 morreu mamma Marietta, quando o filho temporão, Ruggero, tinha apenas seis anos. Dez anos depois, morria Vittorio, quando seus negócios passaram a ser tocados por seu genro, Valente Giannini, casado com Nena, ou Adélia, que comprou a parte de todos os irmãos. Neste momento, começa a entrar em cena Ruggero, o quinto filho, que teria um papel fundamental na saga dos Fasano. Àquela altura, nada indicava que acabaria sendo um *restaurateur*, uma vez que, crescido e formado na Itália, Ruggero cursou uma das mais famosas escolas militares, a de Moncalieri, próxima a Turim, cidade que abriga ainda o castelo residência dos Savoia, a família real. Tinha tudo favorável a uma carreira militar bem-sucedida.

Familia que se preza tem seus mitos[1]

Como não há registros escritos, documentos, iconografia, a saga de Vittorio tem sido apoiada no relato oral que sugere aqui uma versão que corre paralela. O que seriam dos mitos sem as várias visões? Vittorio, já homem riquíssimo teria vindo para o Brasil no inicio do século XX. Não há o mínimo indicio da origem desta riqueza. Nem resposta à pergunta: se era rico e gozava de boa situação, porque imigrar? Pela aventura? Quanto ao nome da família viria da localidade de Fasano, a beira do lago de Garda, o maior da Itália, ao norte do país. Vittorio era conhecido por ser mão aberta, principalmente para com as mulheres às quais dava presentes dispendiosos.

Bon vivant, acostumado a viver na alta sociedade italiana, relacionava-se com a nobreza, vestindo-se com apuro. Acostumado a comer bem, ressentiu-se aqui com a precariedade do comércio e do mercado. Importou um cozinheiro que, por sua vez, exigia grano duro, fermento natural e ingredientes não existentes. O que Vittorio fazia? Importava. Conta-se que, a certa altura, desejoso de comer panetone, mandou buscar um confeiteiro que o produzia em alta escala, impossível de ser consumida por uma família só. Assim, teria sido o primeiro a introduzi-lo em São Paulo. Foi quando teve a ideia de abrir uma confeitaria para a venda de produtos que a cidade não conhecia. Vittorio também adorava caviar e foi dos primeiros a trazê-lo em latas com grandes quantidades. Para isso, organizou uma estrutura sofisticada que deixava os paulistanos admirados. Para os paulistanos era uma experiência de glamour, de sofisticação. Fasano vendia para a alta sociedade. Tais relatos asseguram que o negócio do Fasano não era destinado a dar lucro. Era para ele se ocupar, se relacionar, viver a larga. Ele implantava o conceito do que é normal e o que é raro. Após a morte de Marietta, dedicava-se a conquista de belas mulheres que adoravam os anéis de brilhantes de exagerados quilates.

---

[1] Trecho inspirado em depoimento de Fabrizio Júnior a partir de lembranças de conversas com sua avó Ida, esposa de Ruggero.

Este homem enviou os filhos para estudar na Itália e os quatro homens cursaram a Escola Militar de Moncalieri, da qual se saia oficial do exercito italiano e dominando oito línguas. Era uma escola que aceitava somente nobres ou muito ricos, com recomendação, e celebrizava-se por ter uma biblioteca e um piano de cauda em cada quarto. Ao visitar os filhos, Vittorio levava-se seu luxuoso carro Isotta Fraschini, o primeiro e único do Brasil durante um bom tempo. Tendo bons relacionamentos, o patriarca entrou no negócio da corretagem de café, enriquecendo mais ainda. Com a idade e uma vida dita dissoluta acabou perdendo tudo.

Ida, uma bela e elegante

Na escola, Ruggero foi ajudante de ordens de um personagem histórico, o Conde Gian Galeazzo Ciano, de linhagem nobre, dos Cortelazzo e Buccari, casado com Eda, filha de Mussollini, *il Duce* da Itália por 21 anos. Como diplomata, Ciano esteve um período no Brasil, outro na Argentina. No final da guerra, opôs-se ao sogro, que mandou fuzilá-lo. Ciano seria importante num momento decisivo para a família Fasano.

Ruggero casou-se na Itália com Ida Fusano. Ida Fusano Fasano: havia no nome um ritmo sonoro. Era uma ex-modelo (dizia-se manequim), alta, 1,75 metro, vistosa, de gestos elegantes e suaves. Trabalhava em uma empresa de peles que possuía seus estilistas próprios, responsáveis pelas criações dentro das tendências da moda. Na época, eram comuns os desfiles exclusivos para clientela selecionada. Algumas mulheres acomodavam-se no salão e Ida mostrava as criações a portas fechadas. Desfiles privês, íntimos, ao contrário de hoje, quando modelos atravessam a passarela diante de centenas de pessoas.

Ida e Ruggero tiveram dois filhos, Fábio e Fabrizio. Este, nascido em 1935, foi batizado no Duomo de Milão. Neste mesmo ano, a Itália declarou guerra à Abissínia, atual Etiópia, e a juventude italiana foi recrutada para o exército. Mesmo declarando-se brasileiro, Ruggero não conseguiu evitar a convocação para o fronte. A constituição dizia: filho de italiano, italiano é, submetido às mesmas leis. Com a vitória dos fascistas, em 1936, Mussolini declarou o nascimento de um império, a África Oriental, que incluía Eritreia, Abissínia e Somália italiana.

Em 1937 tem início uma virada do destino. Com seu império na África e sua política expansionista vistos com desagrado pelas democracias europeias e americana, Mussolini se viu isolado, o que o levou a se aproximar de Hitler, na Alemanha. Ambos se juntaram para auxiliar Franco na Espanha durante a Guerra Civil de 1936, que instalou a ditadura franquista. O regime de Mussollini estava muito próximo ao nacional-socialismo alemão. Aliando-se ao Japão, os três países constituiriam o Eixo, contra o qual os Aliados lutaram na Segunda Grande Guerra.

Desgostoso com a situação na Itália e preocupado com a tensão constante provocada pela política hitlerista de expansão da Alemanha, que preconizava uma segunda guerra mundial, Ruggero, que tinha um parente ligado a Mussolini, conseguiu quatro passaportes, apanhou a família e veio para o Brasil. Sem a interferência de Ciano, não teriam obtido a permissão de saída.

Futebol nas ruas do Jardim Paulistano

Alega-se que temos alguma memória a partir de um ano e meio de vida. No entanto, o menino Fabrizio, que aqui chegou com 25 meses, não tem nenhuma lembrança de Milão, um objeto, uma luz, um rosto, pequenos detalhes que nos acompanham sem identificarmos. Como pessoa informada, sabia o que significava sua cidade natal: a potência econômica, capital da moda e do design, um povo fechado e orgulhoso com a beleza dos teatros, parques, galerias, o luxo das lojas. Os pais falavam pouco, como se aquela cidade pertencesse a outro mundo, outra época. Não ouvia muitas histórias sobre seus antepassados. O que soube de Milão, ao longo da vida, veio por meio da mídia, de amigos, do cinema. Terra onde nasceu o panetone, região que consome mais arroz do que massa, cidade chique, ciente de uma economia poderosa, orgulhosa de seu passado com os Sforza, os Visconti (dos quais descendia Luchino, um dos grandes diretores de cinema do mundo), berço da ópera, com o monumental Scala, PIB mais alto da Itália e, talvez, da Europa. Fabrizio ouvia comentários sobre a família ter deixado a Itália na hora certa, porque, durante a guerra, Milão sofreu duramente com os bombardeios, uma vez que era um centro industrial, comercial, financeiro, além de ter abrigado a resistência italiana. Milão é cidade irmã de São Paulo. Bem que ele buscou quando, adulto, visitou a cidade; porém, não tinha nenhum referencial, mínimo que fosse, sobre a rua ou o bairro onde os Fasano tinham morado.

Em 1993, o jornalista Mino Carta definiu o casal: "Ruggero e Ida, um grande amor. Ele dedicou-lhe uma fervorosa paixão, por tudo aquilo que ela representou enquanto estiveram juntos e por tudo aquilo que representaria depois que ela se foi. Assim Ruggero compôs a receita da sobrevivência."[2]

A vida foi organizada. Ida, que na Itália tinha aprendido a costurar, e bem, criou uma freguesia que cresceu entre a comunidade italiana. Ela convivia com os Crespi, os Matarazzo, os Bonfiglioli, os Selmi Dei. Montou um ateliê com cinco funcionárias. No começo em casa mesmo, na alameda Jaú, 136, Jardim Paulista, bairro atravessado por importantes ruas, como a Brigadeiro Luís Antônio, Nove de Julho, Pamplona, Eugênio de Lima, Augusta e Consolação, "pequena cidade" habitada pela classe média alta. Depois mudou-se para a rua Sete de Abril, 240, entre as ruas Dom José de Barros e Xavier de Toledo, em pleno centro da cidade, paralela à rua Barão de Itapetininga, com sua frequência elegante. O Ateliê Nuccia, apelido de Ida, ficou conhecido pelas mulheres da alta, como se dizia, em uma cidade pacata, que apenas passava do milhão de habitantes. O menino Fabrizio era o encarregado de entregar ou buscar vestidos nas casas das clientes e, graças a esse trabalho, um dia ganhou uma bicicleta para ajudar. As entregas rendiam ao menino boas gorjetas.

O período da guerra foi difícil. Ruggero, certo dia, foi preso na rua Direita só porque falava italiano. Ficou dois dias na cadeia. Anos depois, empresário feito e reconhecido, teve o nome recusado como sócio do Club Athletico Paulistano, por ser italiano. Havia preconceito contra italianos, alemães e japoneses, por causa do Eixo formado por Alemanha-Itália-Japão. O time do Palestra Italia foi obrigado a mudar de nome, tornando-se Palmeiras. As casas com nomes alemães foram fechadas ou depredadas. O Clube Germânia virou Pinheiros. O Colégio Dante Alighieri tornou-se Colégio Visconde de São Leopoldo. Havia racionamento de energia elétrica, farinha de trigo, pão, açúcar, macarrão e outros alimentos de primeira necessidade.

---

2 Mino Carta, no livro *O Restaurante Fasano*, DBA Editora, 1993.

Tudo era regulado por meio dos cartões de racionamento que as famílias recebiam, e as filas se estendiam diante das padarias, empórios, açougues. À noite, havia *blackout*. As famílias eram obrigadas a vedar as janelas com uma cortina preta e acender o mínimo de luzes em casa, por medo de bombardeios. "Quem viria bombardear São Paulo?", indaga hoje Fabrizio. A curiosidade da época eram os carros movidos a gasogênio, um combustível alternativo, à base de carvão, já que a gasolina era produto raro e caro, racionado pelo chamado "esforço de guerra".

Ida passou a vida falando italiano em família. Aprendeu poucas palavras em português. A colônia italiana era enorme em São Paulo, todos se relacionavam. Fabrizio conversava com a mãe na língua nativa dela. Ele não sabe dizer se era o dialeto lombardo, muito falado em Milão, conhecido como insúbrico, ou o italiano pura e simplesmente. "Acabei falando muito bem a língua materna, ainda que, com o tempo, tenha perdido a fluência. Fui matriculado no Colégio Dante Alighieri, onde estudavam todos os filhos de famílias de classe média e alta italianas. O Dante foi fundado em 1911 como uma *scueletta* e se desenvolveu como potência do ensino."

Ali se ensinava o italiano, ainda que não fosse língua obrigatória, e o professor se chamava Ronconi, que também lecionava latim. O professor de português era Jânio Quadros, que dava aulas de geografia em outras escolas. História era com o Ariosto Giaquinto e matemática com a professora Albanese. Sendo o Dante na alameda Jaú, Fabrizio ia a pé de casa ao ginásio. Andava um quilômetro em 15 minutos.

A residência dos Fasano, uma casa geminada, ficava entre a alameda Joaquim Eugênio de Lima e a avenida Brigadeiro Luís Antônio. Nas ruas, vazias, jogava-se muito futebol, com a vizinhança reclamando de janelas quebradas. Nesta época, entre 1945 e 1946, uma outra família italiana chegou ao Brasil, os Carta. O patriarca era Giannino, jornalista do *Il Secolo XIX*, que veio para dirigir uma publicação em São Paulo. Mas o empreendimento não foi para a frente e ele, especialista em política internacional, foi contratado pelo jornal *O Estado de S.Paulo* como editorialista, onde fez uma carreira sólida. Giannino tinha dois filhos, Demétrio (hoje conhecido nacionalmente como Mino) e Luigi, que também foram estudar no Dante. Na época, após os cursos primário e o ginásio (hoje fundamental e médio), a preparação para a universidade era feita no científico, para quem seguiria as exatas, como engenharia, medicina e arquitetura, enquanto os que tendiam para as humanas, como direito, letras, filosofia, iam para o clássico. No científico havia matemática, química, física, biologia. No clássico, latim, inglês, francês, espanhol, filosofia. No momento de decidir o pré-vestibular, enquanto Fabrizio cursava o científico, Luigi matriculou-se no clássico, pois tinha mais inclinação para as humanas.

Os dois amigos se ligaram profundamente; eram soltos, brincalhões, divertidos. Entre eles, só falavam italiano. Havia um bonde que descia a Pamplona e atravessava a avenida Brasil em direção ao Jardim Paulistano. No ponto final, na rua Agrario de Souza, havia um campo de futebol. Nele eram disputados os rachas todas as tardes, e Luigi, gordinho, era empurrado para o gol. Alto e atlético, Fabrizio protegia o amigo desajeitado, alvo das zombarias da meninada, principalmente na hora do futebol. Fabrizio participava, mas tinha um problema com o pé esquerdo, detectado depois pelos médicos. Criança, ele tinha sofrido uma paralisia que, no futuro, acabou sendo um handicap favorável: as pessoas, principalmente as mulheres, achavam que o andar de Fabrizio tinha um charme todo especial e imaginavam que era um truque desenvolvido por ele. Os filhos nunca viram o pai correr; andava rápido, mas correr, nunca.

A molecada estranhava as calças de crochê italianas que a mãe Claretta colocava em Luigi. Na época do maternal, Fabrizio tinha cachos loiros e usava um aventalzinho que o deixava encabulado.

Havia futebol também na alameda Jaú, em plena rua, chão de paralelepípedos, onde as traves eram uma árvore e o muro, ou um poste e o muro. O que saía de menino ralado não estava escrito. Assim chegava a transição da infância para a adolescência, na qual a rua era o lugar de liberdade, as brincadeiras tinham de ser imaginadas, inventadas. Era futebol, atravessar a rua num pé só, roda – quando havia meninas –, bolinhas de gude, bater bafo com figurinhas para encher álbuns que davam prêmios, contabilizados em balas. São Paulo era uma capital que ainda tinha muito de provinciana, de costumes interioranos.

Mas os primeiros sinais de rebeldia e independência surgiam. Certo dia, aos 14 anos, enquanto o pai dormia, Fabrizio pegou a chave do carro, um Ford 1949, e saiu todo feliz e a toda velocidade. Bateu numa árvore e deu um belo de um prejuízo. Cinema era divertimento popular e acessível: as famílias frequentavam o Art-Palácio, o Ipiranga, o Marabá, o Metro, o Opera. Tanto o Art-Palácio como o Ipiranga foram projetos de Rino Levi, um homem que mudou o panorama da moderna arquitetura brasileira. A grandiosidade do Ipiranga se traduzia em seu slogan: "Um monumento ao Cinema." Fabrizio lembra-se das sessões matinais do cine Metro, com duas horas de filmes infantis e desenhos animados aos domingos.

Ruggero foi trabalhar com o cunhado Valente Giannini no restaurante Fasano, onde ganhava 500 cruzeiros por mês como caixa. "Aos domingos, eu e Fábio íamos ver nosso pai trabalhar e era um dia especial, porque ele liberava uma coxinha para cada um. Uma festa!", lembra Fabrizio, acrescentando: "O tio Mário, que ganhara muito dinheiro como comissário de café, ajudava meu pai a sobreviver. Quanto a Valente, meu tio, em 1942, ele ganhou ainda mais dinheiro ao fundar a SEMP (Sociedade Eletro Mercantil Paulista), que fabricava rádios e eletrolas. Mais tarde, já sob novo dono, a SEMP ficou famosa por fabricar televisores, marca das mais conhecidas e líder de mercado."

No entanto, Ruggero achava que não podia continuar sendo caixa do Fasano, aquilo não o estava levando a nada, e teve um gesto ousado: pediu demissão e mudou de ramo. Ao mesmo tempo houve um desentendimento entre os sócios e o Fasano da praça Antonio Prado foi fechado, e assim permaneceu por cinco anos."

Dois Fasanos no centro da cidade

Ruggero, um lorde, na descrição da nora Daisy, homem que falava várias línguas, tocava piano, era elegante, fino, abriu uma banca de aves e ovos no Mercado Central. Todas as segundas-feiras tomava o trem da Sorocabana e partia para Presidente Prudente, quase no final da linha, próximo ao Mato Grosso. Era uma viagem de 24 horas. Bate e volta exaustivo. Mas os preços compensavam. Na volta, vinha carregado de balaios de aves. Passou a ganhar dinheiro. A banca fora conseguida com a intermediação de uma senhora chamada Judith Amato, que se encantou com Ruggero e fez tudo por ele. "Era uma mulher enorme, devia pesar 120 quilos, um tipo felliniano, que tinha uma mercearia e uma banca de frutas perto da banca do meu pai. Possuía muito dinheiro e uma belíssima casa no bairro de Santana. Todos a respeitavam; no Mercadão, era a 'dona'. Mulher só, não tinha filhos nem herdeiros. Judith era tia de Mário Amato, que, décadas depois, seria o todo-poderoso da Federação das Indústrias em São Paulo e sócio de Fabrizio na produção de uísque."

Dizem as memórias familiares que ela tinha comunicação com o além, falava com os espíritos e as entidades que flutuam em outras esferas. Um dia recebeu, de esferas mais altas, um pedido de Vittorio, intercedendo pelo filho Ruggero. Dali em diante, fez o possível e o impossível para ajudá-lo. Ruggero, faro atilado, fez uma investigação e descobriu que os tios não tinham registrado o nome Fasano.

Na mesma hora, correu e conseguiu o documento oficial, e a marca passou a ser dele.

Para abrir, precisava de dinheiro. Foi quando entrou em cena Judith Amato.

– Abre, aproveita, as coisas estão a seu favor.

– E dinheiro? Não tenho dinheiro.

– Eu empresto.

– Pago como?

– Com o trabalho.

– E se não der certo?

– Nem pense isso.

Assim, ela, mulher abastada, disponibilizou 500 mil cruzeiros para serem aplicados no empreendimento. Aquela quantia representaria hoje cerca de 100 mil dólares. Entregue o dinheiro, ela aconselhou:

– Acabaram de vagar dois espaços meus no Mercadão. Abre ali um Fasano!

No entanto, ele julgou que aquele não era o lugar para sua clientela e para o que desejava fazer. Judith, em suas conexões com o além, determinou dia e hora em que o negócio de Ruggero deveria ser aberto. A partir daquele momento, datas importante relativas a negócios e a decisões profissionais foram estipuladas por ela. Se não fazia bem, mal não faria.

Depois de alcançar o sucesso, Ruggero tentou inúmeras vezes pagar Judith. Ela dizia: “Depois, depois.” Contemporizava. Depois de três anos, a solução encontrada foi descobrir o número da conta dela no banco e ir depositando em parcelas, até a quitação completa.

Com o nome e os 500 mil cruzeiros foi aberto, em 1948, o Fasano, na avenida Vieira de Carvalho, centro de São Paulo, a 200 metros da praça da República e junto ao largo do Arouche, dois pontos nobres da cidade. Região bem frequentada, onde estava a maioria das luxuosas salas de cinema, os grandes bancos e, oposta à Vieira de Carvalho, estava a rua Barão de Itapetininga, com suas lojas modernas de tecidos: o Mappin, seu salão de chá e ainda o Teatro Municipal. No mesmo ano foi inaugurado, na esquina da avenida São João com a Ipiranga, o Bar Brahma, destinado a se tornar outro clássico no panorama paulistano. Na região, pontificava ainda o tradicional *Carlino*, restaurante que vinha do final do século XIX. Na década de 1950, Antoine, o cabeleireiro da alta sociedade, estava instalado na praça da República, que teria também a Cassio Muniz, uma grande loja de departamentos, frequentada pelas grã-finas. Pouco mais tarde, Dener, um dos primeiros estilistas midiáticos do Brasil, também estaria na República e viria morar na rua do Arouche. Vizinhança de boa estirpe.

O Fasano da Vieira de Carvalho, com instalações e decoração modernas, tornou-se o ponto de encontro da sociedade paulistana. "No térreo havia, de um lado, os doces, e do outro, os frios. Ao fundo, a confeitaria com mesas. No primeiro andar funcionava o restaurante. As pessoas chegavam para o *happy hour* por volta das seis da tarde, e ficavam até às oito ou nove. Então, iam para casa ou subiam para jantar. Hora em que chegavam também os que vinham apenas jantar. O esquema garantia a casa cheia até meia-noite, uma da manhã. A freguesia formou-se rapidamente e, graças ao atendimento diferenciado e ao cardápio elaborado, e a uma rica apresentação nas comidas típicas daqueles anos, como o coquetel de camarão, o peru à Califórnia, estrogonofe, filé à cubana, aspargos verdes, filés frescos ao bisque de mel, camarão à Termidor, foie gras e caviar. Rogério, filho de Fabrizio, comenta, hoje, que na verdade tanto o Fasano do bisavô, Vittorio, quanto o do avô Ruggero primavam pela cozinha internacional, não especificamente pela culinária italiana. Sobressaíam na cidade pelo esmero e pela qualidade.

Um ano depois de ter aberto o restaurante na rua Vieira de Carvalho, Ruggero foi atraído para a rua Barão de Itapetininga, a mais chique da cidade. Em 1949, era o lugar de grandes endereços, como a Peleteria Americana (mais tarde Maison Madame Rosita, a primeira a ter geladeira para guardar as peles que as mulheres traziam da Europa), a Casa Slopper, a Los Angeles, a Casa Levy de Pianos, onde se encontrava sempre um pianista a postos. Havia ainda a Confeitaria Vienense, cenário Belle Époque, em um belo prédio de 1913, onde Mário de Andrade tomara chá e intelectuais se reuniam para contemplar as "belas da tarde", que tanto eram mulheres da sociedade como algumas "belle de jour" levadas por cavalheiros que as sustentavam. Endereço de livrarias, como a Francesa e a Brasiliense. No final da rua estava o edifício Glória, marco na arquitetura de São Paulo, com hall de mármore, painéis de madeira e bronze.

Foi o lugar ideal para a Confeitaria Fasano, que, situada no número 131, com seus lustres de cristal, imensos espelhos nas paredes, cadeiras estofadas em couro vermelho, mesas com alvas toalhas e serviço requintado, rapidamente eclipsou a Vienense e o salão de chá do Mappin Stores.

A década de 1950 marcou o início de transformações no Brasil e no mundo. Getúlio Vargas foi reeleito presidente, criou a Petrobras e o orgulho nacional como slogan "O petróleo é nosso". São Paulo comemorou, em 1954, o seu quarto centenário, com festejos que marcaram época, com a inauguração do parque do Ibirapuera e a abertura de hotéis quatro estrelas como o Jaraguá, o Othon e o Lord, o máximo do luxo e da modernidade. Elvis Presley surgiu como o fenômeno que, com o rock'n'roll, arrastou a juventude num turbilhão. Brigitte Bardot, em filmes como *Manina*, *...E deus Criou a Mulher* e *A Parisiense*, libertou a sensualidade feminina.

Um observatório gratuito de sexo

Há imagens que nos acompanham pela vida. Uma delas marcou o jovem Fabrizio: "Uma noite, não sei por que, olhei por uma das janelas da cozinha que dava para a rua Aurora e dei com um casal transando. Acabei descobrindo que o prédio ao lado era um bordel que me oferecia vista total. Assistia a sexo explícito nos quartos com janelas abertas." A rua Aurora seguia do bairro da Luz até o Arouche. Fazia parte da chamada "boca do lixo", região famosa pelos bordéis, botecos, inferninhos e puteiros de terceira categoria. As ruas paralelas ou transversais compunham o mapa: Andradas, Timbiras, Gusmões, Guaianases, Aurora, General Osório, Santa Ifigênia (à noite; durante o dia era célebre pelos materiais elétricos, hoje eletrônicos) e Conselheiro Nébias, nas quais a baixa prostituição fervia.

"Arrastei uma cadeira para a janela e não saía dali, o que atrapalhava o cozinheiro, que me expulsou uma, duas, três vezes, até que, saturado, reclamou ao meu pai. Acabou a brincadeira, as mulheres peladas, o sexo explícito que eu via ao vivo, de graça."

Nesse momento, a família mudou-se para um apartamento na esquina da avenida Vieira de Carvalho com a rua Vitória. Era prático, ficava perto do trabalho, descia-se de um prédio, entrava no outro, e não perdia tempo no trânsito, que, já naqueles anos, ameaçava ser caos no futuro. O jovem Fabrizio gostou mais ainda, porque um dia, com uma ideia na cabeça, pediu ao zelador do prédio onde morava a chave da porta do terraço do último andar. Subiu onde estava a caixa-d'água e novamente se viu servido por belíssima panorâmica da boca do lixo, em todo seu esplendor. Sem cozinheiros a reclamarem. O porteiro recebia um "cala a boca" na forma de coxinhas e empadas, das melhores da cidade. Fabrizio via sexo a granel, ainda que – mistério que a mãe Ida não decifrava o porquê – pegasse gripe com frequência: o terraço era gelado.

"Entre o final dos anos 1940 e os primeiros anos de 1950, os restaurantes em São Paulo começaram a fazer comidas um pouco mais especializadas: surgiram as cantinas italianas com ravióli, lasanhas, espaguetes, capeletes, os restaurantes e bistrôs com cardápios franceses, os portugueses com a bacalhoada e a dobradinha. Foram abertos o La Casserole em 1954 e o Marcel no ano seguinte, franceses até a raiz. "O que mais nos intrigava era O Gato Que Ri, no Arouche, em 1951", comenta Fabrizio. "Oferecia uma comida como a nossa, com pratos italianos corriqueiros. A esta altura, tínhamos feito clientela entre a alta sociedade paulistana, éramos programa obrigatório. Ficávamos abismados como O Gato Que Ri faturava. Tínhamos inveja. Um restaurante para 100 pessoas, fazia cinco rotações por dia, uma loucura. Eram 500, 600 couverts diários, o dobro ou o triplo do que fazíamos. Verdade que o Fasano era superior, mas também mais caro, três vezes o preço do concorrente. O que também nos deixava com a pulga atrás da orelha era um restaurante italiano com esse nome, O Gato Que Ri. Estava muito mais para restaurante português. Pois O Gato está lá até hoje, lotado, precisa fazer reserva."

Certa manhã, lixeiros que percorriam a rua bateram à porta do Fasano com sacos na mão. Entregaram a Ruggero, que teve uma surpresa ao abri-los. Estavam cheios de baixelas, talheres e bules encontrados no lixo. Tudo banhado a prata, com duas, três demãos, coisa que durava anos. Os lixeiros ganhavam uma gorjeta e iam embora. Descobriu-se que era armação do pessoal dos bastidores. Jogavam no lixo e apanhavam na saída, para depois revender. Só que os lixeiros, tendo descoberto a tramoia, davam um jeito de passar antes. Recolhiam o material e devolviam pela gorjeta. Não tinham como vender aquilo que julgavam que era de prata ou de ouro, devolviam pela recompensa.

A certa altura, Fabrizio foi promovido a gerente. Havia na verdade dois gerentes, um para o restaurante, em cima, outro para o andar de baixo. "Eu controlava tudo embaixo, trabalhava o dia todo, já tinha terminado o segundo científico; aliás tinha abandonado os estudos, queria colocar a mão na massa, trabalhar. Gostava do salão, me dava bem, parecia ter nascido para aquilo, chegava às 11 horas e saía à meia-noite, todos os dias. Tavares Miranda chegava no final da tarde e se instalava no bar, antes de se dirigir à *Folha*, que ficava a três quadras dali, onde tinha a coluna social mais lida de São Paulo. Frequentava todas as festas, era recebido em todas as casas. Foi um período em que os colunistas sociais tiveram seu apogeu, suas notas promoviam uma casa, fosse bar, boate ou restaurante. Em São Paulo, além de Tavares de Miranda havia Mattos Pacheco, Alik Kostakis e Marcelino de Carvalho, este um quatrocentão, que escreveu vários livros sobre etiqueta, nos quais dizia que queria 'civilizar' os caboclos. Outro cronista lido era Alvaro Assumpção, o Meninão, que se dedicava mais à noite e à boemia e foi dono da Meninão, a boate mais frequentada da cidade, rival da Oasis. O apelido vinha do tamanho de Álvaro, homem imenso, com cara de bebê e extremamente afável, conhecido pela esplendida coleção de uísques. Não só colecionava, bebia também. Tempo de personagens boêmios marcantes na sociedade e na noite."

Três anos depois, em 1952, Fabrizio viu o pai, Ruggero, voltar o olhar para o lugar de origem, a praça Antonio Prado, onde o patriarca Vittorio tinha aberto em 1903 a Brasserie Paulista. Ali, reabriu o novo Restaurante e Confeitaria Fasano. A imensa fachada de cristal, moderna, transmitindo a noção de amplidão, assombrava quem chegava. Bar, *american bar*, restaurante, decoração futurista, marcada por curvas suaves. A região ainda era o centro financeiro de São Paulo; nela estavam os prédios imponentes dos grandes bancos, a Bolsa de Valores e a sede do Jockey Club. A marca Fasano estava mais do que consolidada, era o endereço de celebridades, socialites, políticos, empresários, artistas. Sinônimo de prestígio, hospitalidade e sofisticação.

Alguns anos depois, pessoas que mudariam rumos na música, na televisão e na propaganda brasileira se lembrariam do lugar: "A confeitaria ainda estava na rua Barão de Itapetininga, aguardando, chiquérrima e impávida, a mudança para o Conjunto Nacional na avenida Paulista. Maysa (no seu segundo disco), o maestro Simonetti, o Roberto Corte Real e eu, então na RGE, elegemos a confeitaria nosso ponto de encontro, de onde partíamos para o estúdio de gravação. Maysa pedia seu uisquinho preferido, de marca diferente, e o Fasano tinha, porque costumava ter tudo o que os outros não tinham. Nós bebíamos Pilsner Urquell, da Checoslováquia, que também só tinha lá, acompanhada de um amendoim inigualável, que não existia em lugar algum", revela José Bonifácio de Oliveira Sobrinho, o célebre Boni, que montou a estrutura que a TV Globo tem até hoje. "Já era o DNA da família Fasano, que nunca fez distinção entre o simples e o sofisticado, desde que fosse o melhor de cada coisa." Por outro lado, Washington Olivetto acrescenta: "Menino, o que eu gostava mesmo, levado por minha tia Ligia, era comer lanche na Confeitaria Fasano."

A sessão de cinema que mudou uma vida

Um dia, em 1952, a jovem Daisy Barbosa Salles e a amiga Ernestina Freitas Costa saíram do cine Ipiranga, no Centro, caminharam um trecho e apanharam o trólebus, que tinha substituído os bondes que subiam a rua Augusta, em direção ao Jardim Europa. A rua, onde as lojas tinham mudado de nome porque o comércio achava butique mais sofisticado e menos caipira, era lugar de paquera da juventude, com seus pontos de encontro na casa de chá Yara, nos cines Paulista, Regência, Majestic, Marachá e nas lanchonetes Hot-Dog, Longchamps e Simbad. Diante do cine Majestic, Daisy viu o letreiro anunciando o filme *Tico-Tico no Fubá*, com Anselmo Duarte e Tônia Carrero, um sucesso da Cinematográfica Vera Cruz, orgulho de São Paulo na época. História do compositor Zequinha de Abreu, com a cidade de Santa Rita do Passa Quatro reconstituída nos estúdios de São Bernardo do Campo. Só se comentava isso e a beleza de Tônia como uma amazona do circo, pela qual Zequinha se apaixonou e a quem dedicou a valsa *Branca*.

– Vamos ver? – perguntou Daisy.

– Acabamos de sair do cinema.

– E vamos entrar em outro. O que temos a fazer?

A sala estava lotada, só encontraram duas poltronas juntas na primeira fila. Ao chegarem, viram que havia uma capa numa das poltronas e um jovem moreno ao lado.

– Pode tirar a sua capa, por favor! Queremos sentar.

Ele olhou-as de alto a baixo.

– Não! Está guardado para a minha namorada.

– Não pode guardar lugar, o cinema está cheio, quase começando.

– Está guardado.

– Pois vamos chamar o lanterninha.

Naquele tempo, início dos anos 1950, os cinemas tinham lanterninhas, ou "vagalumes", que indicavam lugares, informavam, tomavam conta da sala, podendo expulsar namorados escandalosos. Em salas de luxo, como o Majestic, o Regência, o Paulista, o Ipiranga, os lanterninhas usavam uniforme. Ante a "ameaça", sorrindo, o jovem tirou a capa e as duas se sentaram. O filme começou, mas o rapaz não tirava os olhos de Daisy, que ficou incomodada, achando que ele estava achando estranho o cabelo à la garçonne, que ela tinha acabado de cortar. Então, o moreno perguntou:

– Quer alguma coisa para comer?

– Não! Quero ver o filme.

Ele, olhando, insistente. Nem via o filme. Aborrecida, Daisy virou-se para Ernestina:

– Essa cara esta me chateando pra chuchu. Será que a gente consegue outro lugar?

– Olha aí! Tem gente de pé junto às paredes, sentada nos corredores, tudo lotado.

De repente, o moço levantou-se, Daisy alegrou-se, ele pediu:

– Pode me guardar o lugar? Já volto!

– Tudo bem.

Por momentos ficaria aliviada. Ele foi à bomboniére, que todo cinema na época que se prezasse tinha, e voltou com chocolates, balas de goma, dropes e ofereceu:

– Um chocolatinho?

– Não como chocolate.

– Mas este é o Chamberlain, uma delícia, tem licor no meio.

– Não!

– Então uma bala de goma?

– Não gosto de goma.

Ele se acalmou, mas logo voltou à carga, ela recusando, impaciente, adorando Anselmo Duarte na tela. Na época ele era o maior galã do cinema brasileiro, idolatrado por fãs no país inteiro, o maior salário da Vera Cruz, considerado um dos homens mais bonitos do Brasil. Os galãs eram todos do cinema, a televisão gatinhava, tinha acabado de chegar.

Terminado o filme, elas saíram, e ele atrás, puxando conversa. Daisy pensava: "Que sujeito insistente, chato." Na calçada, elas deram tchau, mas ele não se perturbou, o olhar fixo em Daisy:

– Posso te acompanhar à sua casa?

Ela tremeu. Se o pai a visse acompanhada de um rapaz, seria castigo direto.

– Olha aqui! Você está muito enganado. Se chegar junto comigo, meu pai e meu irmão são trogloditas, vão te matar, massacrar...

– Não vão, não!

– Se quiser, vá ao meu lado, não tão junto.

Daisy era filha de Virgínia e Antenor Barbosa Salles e tinha um irmão, José Rubens. Família que em Taquaritinga, no interior de São Paulo, criara uma pequena empresa de ônibus, com uma linha até Araraquara. Depois, Antenor veio para São Paulo e abriu a Cincal, uma casa de materiais de construção que teve muito sucesso.

Subiram algumas quadras até a Paulista e desceram na direção da alameda Tietê, onde morava Daisy. Na hora de se despedir, ele disse:

– Já te vi no Dante Alighieri. Você estuda, é professora, o quê?

– Professora, nesta idade? Sou aluna. Você me viu sobre um tamborete nos ensaios. Vai haver uma apresentação no Pacaembu e sou uma das guias.

– Apresentação? Do quê?

– Você sabe. De ginástica. Nós, as guias, ficamos sobre pequenos tablados, como se fôssemos maestros.

Ele sabia, ainda que não fosse. Eram comuns na década de 1950 as festas da ginástica, que reuniam estudantes uma vez por ano no estádio do Pacaembu, em geral no 7 de Setembro, comemoração da Independência. Juntavam-se os melhores de vários colégios paulistanos com os escolhidos do interior.

Ele nada disse na hora, mas tinha ficado impressionado com as pernas da morena Daisy, uma das meninas mais bonitas do colégio.

– Estuda em que ano?

– Sexta série.

– Eu no primeiro científico. Sou Fabrizio. Fabrizio Fasano. Amanhã venho te pegar na saída. Você sai às cinco, não é?

Ele enfiou as mãos no bolso, tirou um pedacinho de papel, escreveu atrás e entregou. Daisy olhou: era uma fotografia dele e o número do telefone rabiscado. Lembra-se até hoje: 34.16.15. Cheio de confiança, acrescentou:

– Pode me chamar, a qualquer hora...

– O que vou fazer com isso... Te ligar? Tire o cavalo da chuva.

No dia seguinte, segunda-feira, Daisy, preocupada, lembrou-se de Fabrizio e, às quatro e meia, pediu para ser dispensada, alegou que não se sentia bem. A enfermeira deu a dispensa, ela voou para casa, descendo a rua Peixoto Gomide. Quando estava chegando, parou um táxi e dele desceu Fabrizio, afobado. Tinha um sobretudo sobre ombros, enorme, via-se que não era dele, devia ter apanhado o casaco do pai. Fabrizio:

– Desculpe-me, é a nossa primeira vez e cheguei atrasado, na próxima vez serei pontual.

Daisy refletiu: "Quem ele pensa que é? Primeira vez? Primeira vez do quê? Acha que já está me namorando?" Na época, ela não tinha namorado e nem queria ter. Aos quinze anos, tinha encontrado no Dante Alighieri o lugar ideal, alegre, "cheio de oriundi", como ela diz. Daisy vinha de um colégio de freiras, rígido, severo, só de meninas. No Dante os rapazes faziam parte das turminhas, misturavam-se no recreio, havia sempre festinha na casa de um e de outro, com muitas danças. As mais velhas contavam dos namoros, faziam confidências, o mundo se abria. Mas ela não pensava em namorados, queria se divertir e explicou isso a Fabrizio.

No entanto, ele era insistente, gentil, e mostrava-se tão romântico com ela que foi cedendo, namoraram. Nessa época ele começou a dizer que logo iria embora, queria estudar nos Estados Unidos, estava ajeitando as coisas. Ela jamais esqueceu a noite em que foram a uma festa e ele levou um perfume francês, Je Reviens. Ela entendeu o significado. Voltarei. Era curioso, porque um jovem sedutor, porém quieto, na dele, Fabrizio tinha todas as meninas dando em cima dele. A tal ponto que as professoras alertavam:

– Daisy, não é melhor você ter outro namorado?

– Por quê? Fabrizio é bonito, educado, boa família, me trata bem.

– Sei, mas cuidado, ele é um tanto quanto...

Naquela época, diz Daisy, este *tanto quanto* não era dúvida quanto à masculinidade como hoje. Era sim uma referência aos que eram conhecidos como "pegadores". Havia também o fato de que Fabrizio tinha sido reprovado por faltas e todos sabiam que nas suas manhãs, em lugar de ir à aula, estava jogando snooker no Castelotti, na alameda Jaú. Por outro lado, ele se movia com diplomacia por todos os lados, conquistava as pessoas, tinha uma boa lábia, como se dizia. Apanhava o boletim de Daisy, comentava, sempre elogiando, era um cavalheiro. Assim, ela não deu ouvidos aos diz-que-diz e o namoro continuou.

Para o pai dela, um quatrocentão conservador, Fabrizio era o "italianinho". Mas já que a filha gostava dele, não se opunha. A esta altura, Daisy olhava-o com menos resistência, começou a achar simpático o assédio constante, admirava-se com a audácia. Acabou cativada. Uma paixão que atravessou a vida, continua até hoje.

Para os quinze anos de Daisy, os pais fizeram uma grande festa, com muitos convidados, todas as amigas apareceram. No entanto, Antenor permitiu que do colégio fossem convidados apenas três rapazes. Fabrizio era um. "Lá pelas tantas, a festa na maior animação, percebi que além de Fabrizio estavam o Luigi Carta, o Petrarca, o Castelotti. Assustei-me! Na verdade, todos os amigos dele estavam lá. Como conseguiram entrar, não sei. Mas o primeiro científico inteiro tinha dado as caras, mais de vinte. Então, eu estava completamente apaixonada, como se pode estar aos 15 anos. Sonhava acordada", conta Daisy.

"Meus pais iam para um carteado em casa de amigos ou no clube, e a empregada, que tinha um namorado, também saia. Sozinha e livre, eu ficava na porta de casa, esquina da rua Haddock Lobo com a alameda Tietê. E eram beijos, abraços e nada mais, olhe lá! Nos finais de semana os encontros eram no cinema. Tínhamos um código. Eu ligava rapidamente, ele atendia, eu dizia: cinema tal, e desligava. Eu chegava antes e esperava. Ele entrava e passava em frente à tela para mostrar que estava na sala. Eu tinha guardado lugar, acenava, sentávamos juntos".

Na formatura de Daisy no luxuoso Hotel Esplanada, uma espécie de Copacabana Palace paulistano (hoje é a Votorantim, atrás do Teatro Municipal), havia 600 pessoas, e nada foi mais comentado que o jovem casal Fasano-Salles. Foram chamados de "o casal vinte", uma gíria da época, vinda dos colunistas sociais que, todos os anos, elegiam os dez e as dez mais elegantes. Quando tanto o homem quanto sua mulher estavam na lista, eram chamados "casal vinte", o máximo. Então, Fabrizio embarcou para os Estados Unidos, matriculado na Universidade do Texas, em Houston, onde foi colega de Roberto Civita, jornalista e executivo da editora Abril, recentemente falecido.

Daisy não se conformava. "Estava com o coração despedaçado, meu mundo caiu. Chorava, chorava, minhas amigas também choravam. Aquele era o romance que elas poderiam estar vivendo, o Fabrizio era como que o namorado de todas. O Dante inteiro sabia da minha dor, eu era uma Julieta sem Romeu. No dia em que ele embarcou para o Texas, na hora do almoço eu não parava de chorar. Meu pai, que já tinha aceitado o 'italianinho' me mandou para o quarto, 'Fique chorando lá, não aqui na mesa do almoço'. As cartinhas do Fabrizio, não tantas... aliás, eram poucas, pouquíssimas... eu, sim, escrevia sem parar... as dele, quando chegavam, eram motivos de telefonemas e de reuniões no recreio, todas queriam ler."

Sempre fui um colecionador de sonhos

Fabrizio Fasano deu uma virada na vida em 1953, antes de completar 18 anos. Vinha, há tempos, com uma ideia na cabeça, fruto de conversas com seu amigo Carlinhos Lázaro, que morava nos Estados Unidos. Carlinhos escrevia, insistindo:

– Vem para cá! Vem fazer universidade.

– Universidade? Nem terminei o científico.

– Pode vir, que aqui dá para entrar com o diploma do ginásio.

Fabrizio pensava, ainda que vagamente, que poderia fazer medicina. Ao chegar lá, avaliando o sistema americano de ensino, viu que para a medicina eram exigidos seis anos e um exame vestibular. Integrou-se ao sistema, precisava cumprir um determinado número de horas para ter determinado diploma.

"Nunca peguei um curso que começasse antes das 10 da manhã. Fazia duas horas de manhã e uma à tarde e consegui uma soma de pontos suficiente para fazer Administração. Eu organizava meus próprios horários e assim fui levando. Recebia de meu pai 200 dólares por mês; havia uma categoria especial, o dólar estudante. Um dinheirão. Evidente que eram necessários relacionamentos e 'cartuchos', como se dizia, para obter tais dólares. Seis meses depois, quando completei 18 anos, consegui tirar a carteira de habilitação e comprei meu primeiro carro, um Chevrolet 48, coupé, pagando dez prestações de vinte dólares. Morava em um apartamento alugado por 60 dólares ao mês. Três quartos, dividido com dois amigos."

Cartas eram enviadas esporadicamente para Daisy, que, em São Paulo, esperava o carteiro na janela, todos os dias. Quando ele a via, levantava a mão mostrando o envelope com as bordas nas cores azul e vermelho e ela descia correndo. Nos Estados Unidos, Fabrizio trabalhou para uma empresa, a Panamerican Land and Development of Brazil, que vendia terras do Paraná aos americanos. O padrão de vida melhorou, enquanto no Brasil Ruggero se firmou, ganhou dinheiro e foi ao Texas visitar o filho. Deixou para ele 1.500 dólares, imediatamente transformados em um Jaguar 1957. A cada ano, o pai pagava uma viagem de volta, para o filho visitar a família. Certa vez, em um momento delicado, não havia como Ruggero enviar o dinheiro. Aborrecido, avisou o filho, que o acalmou:

– Deixem! Me viro!

Informado por amigos, soube que naquele momento havia uma mania entre colecionadores brasileiros. Ter um daqueles emblemas que vinham colados no para-choque traseiro do Chevrolet 56. Era uma procura enorme em São Paulo, e ao roubá-los vivia-se uma aventura. Era hobby, divertimento. Algo correspondente a um esporte radical hoje. Nas casas de autopeças os emblemas esgotavam-se rapidamente e custavam caro. Quem sabe seria boa ideia trazê-los, vendê-los e pagar a viagem?

Fabrizio encheu uma mala com mil emblemas. "Paguei um dólar por cada um, sabendo que poderia revendê-los aqui por três ou cinco dólares." Ao embarcar pela Aerovias Brasil, estranhou. Havia uma cortina que fechava metade do avião, não se sabia o que havia lá atrás. "Devem estar levando carga, pensei, o avião está meio vazio." A Aerovias, das primeiras empresas aéreas brasileiras a ter uma linha para os Estados Unidos, foi fundada nos anos 1940, anexada à Real e finalmente transformada em Varig.

Realmente, como muitos voos internacionais partiam semivazios, os passageiros da classe econômica, então chamada turística, rezavam para que ninguém sentasse na mesma fila, porque assim podiam se estender pelos bancos e dormir. Dos Estados Unidos ao Brasil eram mais de 20 horas. Quando a aeronave aterrissou, surpresa. A polícia entrou, mandou todos ficarem em suas poltronas. Era uma blitz. Havia uma denúncia de que aquele voo trazia contrabando, as bagagens foram direto para a alfândega. Tudo foi taxado, sem misericórdia. "Paguei até por camisa usada que tinha vindo da lavanderia. Quando viram os embleminhas, o pessoal da alfândega exultou. Paguei três dólares de imposto em cima de cada um. Ao vender, não consegui mais de um dólar por peça. Aquela passagem acabou me custando o triplo."

Divertiu-se e amadureceu na América

Houve outra "aventura" comercial. "Havia no Brasil, não me lembro para qual marca de carro, um parafuso de amortecedor que quebrava fácil, soltando a peça. Um drama. Comprava-se o carro e, seis meses depois, o amortecedor caía. Minha intenção era trazer esse parafuso e fabricar aqui. Tudo era importado, a indústria de autopeças estava se iniciando. Trouxe os parafusos, sem pensar que teria de montar uma estrutura de fabricação para eles. Outra vez, foi uma canetinha barata, chamada Birome, resistente, que todo mundo que ia aos Estados Unidos comprava. Por que não importar ou fabricar? Nunca produzi, só colecionei sonhos.

Viajávamos de carro, longas horas, íamos até Las Vegas, assistíamos shows. De qualquer modo, me diverti bastante nos cinco anos de América. E amadureci. Até o dia em que o pai ordenou: 'Não dá mais para te sustentar aí, chegou a hora de voltar e pegar no batente.'" Ao menos, quando regressou, Fabrizio falava muitíssimo bem o inglês. E trazia um diploma na mala.

Um Jardim de Inverno requintado

Em 1958, Fabrizio voltou e encontrou o Brasil em plena era juscelinista. Éramos campeões mundiais de futebol, com o título obtido na Suécia. Só se falava em desenvolvimentismo, marcha para o interior, plano de metas, "Cinquenta anos em cinco" (slogan de JK), euforia. A indústria automobilística estava sendo implantada a todo vapor no Brasil, as grandes montadoras chegando à região do ABC paulista. Era o grande salto.

Época dos "rebeldes sem causa", *Rebel without a cause*, título em inglês do filme *Juventude transviada*, com James Dean, ícone maior, morto prematuramente. Marlon Brando reforçou a rebelião. A juventude era diferente depois do advento de Elvis Presley, Johnnie Ray, Bill Halley e seus cometas, Ricky Nelson. Tony e Celly Campello eram os ídolos nacionais e Cauby Peixoto teve breve passagem pelo rock gravando a canção "Rock and Roll", em Copacabana: Bandas novas explodiam em São Paulo. The Clevers (depois Os Incríveis), Renato e seus Blue Caps, The Jordans. Gravadoras lançaram o disco em 45 rpm, chamado compacto. Importante contar aqui que, em agosto de 1958, foi iniciada uma das mais importantes revoluções na música brasileira, com a gravação de um compacto simples do baiano João Gilberto, contendo as canções "Chega de Saudade" (Tom Jobim e Vinicius de Moraes) e "Bim Bom" (do próprio João). João tinha acabado de descobrir a batida da bossa nova.

O uniforme dos jovens era o jeans, a camiseta e o blusão de couro. Aos sábados e domingos congestionavam a rua Augusta para a paquera, e eram chamados de playboys.

São Paulo era uma cidade com quase quatro milhões de habitantes e 404 anos. Orgulhava-se de dois slogans: "Um prédio a cada sete minutos" e "A primeira cidade do mundo em construções". Modernizava-se. Foi uma década efervescente. Assis Chateaubriand fundara a primeira emissora de televisão do Brasil, a Tupi. Havia o Museu de Arte Moderna, MAM; o Museu de Arte de São Paulo, MASP; a Cinemateca Brasileira, os teatros TBC, Maria della Costa e Bela Vista, este de Sérgio Cardoso e Nydia Licia (inaugurado com *Hamlet*, de Shakespeare). A Bienal Internacional de Artes chegaria no ano seguinte à sua quinta edição. E São Paulo contava com uma orquestra Sinfônica Municipal, sob regência de Enrico Simonetti. Agito por toda parte.

Em 1955, um empreendedor argentino chamado José Tjurs tinha dado uma grande tacada. Personagem curioso, baixo e gordo, Tjurs começou como taxista cicerone em Buenos Aires, depois mudou-se para o Brasil e trabalhou como guia, arrebanhando estrangeiros que desciam dos navios na praça Mauá, no Rio de Janeiro. Subiu na vida até construir hotéis, como os dois Excelsior, o de São Paulo e o do Rio, e o Marabá em São Paulo. Visionário, ele simplesmente comprou uma quadra inteira na avenida Paulista, onde era a mansão do milionário Horácio Sabino, para ali construir o Conjunto Nacional, um dos terrenos mais valorizados da época.

O centro da cidade começou, naquele momento, a se deslocar da cidade velha para a avenida Paulista. O eixo mudou. Com o tempo, cairiam os palacetes dos barões de café, subiriam os arranha-céus, viriam os grandes bancos, os consulados, os escritórios das grandes empresas, agências de publicidade, cinemas. A construção do Conjunto, obra que espantou a cidade, projeto de David Libeskind, o primeiro conjunto multifuncional do Brasil, começou em 1955 e, dois anos depois, a parte da frente, imenso espaço comercial, estava pronta. O restante, um edifício de escritórios e apartamentos, seria terminado em 1958.

José Tjurs procurou Ruggero Fasano. Desejava que ele abrisse no Conjunto Nacional um restaurante de bom nível. Ruggero não achou má ideia, porém as negociações com Tjurs foram demoradas, o homenzinho era complicado, desbocado, malandro e, evidentemente, sedutor. Ruggero comprou uma área na planta para ser paga em dez anos. Todos os amigos tiveram pena, achavam que ele iria dar com os burros n'água e diziam: "Você está completamente louco, esse edifício não vai sair do chão." Só que, em 1957, o Fasano inaugurou sua confeitaria na calçada da avenida Paulista, e ela se tornaria um grande sucesso.

Judith Amato, a financiadora que tanto orientara e ajudara Ruggero no Mercado Central, consultou suas entidades e avisou a hora propícia para a inauguração: quatro da manhã. Ruggero foi para lá de madrugada, abriu a casa e sentou-se. Ficou ali por mais de seis horas, até que, no meio da manhã, depois das dez, chegaram os primeiros clientes.

"O movimento na confeitaria começava pela manhã, quando a atração era o café expresso, feito em máquina italiana – uma das poucas existentes na cidade –, e, na hora do almoço, as vedetes eram as coxinhas de frango, os deliciosos croissants recheados e uma grande variedade de sanduíches", relata Angelo Iacocca em *A Conquista da Paulista*, no qual se faz o mais completo relato sobre o nascimento e crescimento do Conjunto Nacional.

"À tarde, as elegantes senhoras se encontravam para tomar chá, trocar confidências e fazer uma merecida pausa entre suas compras. Algumas horas depois, a confeitaria era tomada pelos homens, que tomavam seus aperitivos e conversavam com amigos antes de voltar para casa. E à noite, era a vez dos namorados... Aos domingos, o Fasano era uma grande festa, parada obrigatória para o aperitivo depois da missa, antes de seguir para o almoço em casa, hábito cultivado, principalmente pelas famílias de origem italiana", lembra Angelo.

O *happy hour* (este termo ainda não era usado) servia também para "fazer hora" à espera da sessão das oito nos cinemas. A missa dominical era na Igreja de São Luís, dos jesuítas, na esquina da rua Bela Cintra, ou na Imaculada Conceição, na Brigadeiro Luís Antônio.

As pessoas rodeavam o "quadrado" na calçada para olhar e invejar, admirar os lanches, doces, sorvetes, bebidas, uma prova de que a modernidade tinha chegado. O Fasano contribuiu para fixar o mito da avenida Paulista, chamada por uns de Quinta Avenida, por outros de Champs-Élysées, guardadas as proporções do exagero. Um slogan surgiu na imprensa: "Conjunto Nacional, capital da Paulista e da Augusta", então a rua chique, com suas butiques, a palavra que no jargão comercial substituiu o termo "lojas".

A rua Augusta, inteiramente congestionada nas noites de sábado e domingo pelos "playboys" que ali paqueravam, tinha seus pontos de referência nas lanchonetes Longchamps e Simbad – de Fuad Zegaib, que mais tarde criou a rede de churrascaria Dinho's, à frente da qual encontra-se até hoje, 2013 –, na Yara, casa de chá, nos restaurantes Patachou e Flamingo, no recém-nascido Frevo. Também era a época da novidade americana, o Hot Dog, com suas caixinhas listadas em vermelho e branco. Nenhuma destas referências alcançava a pompa e circunstância do Fasano. Lotado o tempo inteiro, tornou-se o ponto de encontro da cidade para lanches, cafés, chá no meio da tarde, com a sociedade desfilando no *happy hour.* Decoração despojada, clean, típica do anos 1950, móveis pés palito, balcões iluminados. Quem não reservava mesa, via-se em palpos de aranha, como se dizia. Havia habitués que ocupavam as mesmas mesas, todos os dias. O que acontecia ali era registrado diariamente por Tavares de Miranda e Mattos Pacheco nas suas colunas da *Folha* e dos *Diários*. Ver e ser visto. Garçons e maîtres eram fontes de informação. Ao lado do Fasano ficava a Rinaldi, a maior grife de flores da cidade.

A audácia de Ruggero, que tinha fechado a casa da rua Vieira de Carvalho, completou com a inauguração, em 1958, do restaurante, onde se realizavam os famosos jantares dançantes, ao som de orquestras famosas, como a de Silvio Mazzuca. Foi aberto também o Jardim de Inverno Fasano, que arrasou e criou um novo estilo de viver em São Paulo. Os jovens adoravam namorar no terraço. O Fasano era bar, restaurante, boate, bufê, salão de festas. Jantar, beber, dançar, assistir a shows, dar festas de aniversário, formatura (que eram momentos importantes na vida da família, tanto que todos se vestiam a rigor), baile de debutante, casamento, o que fosse, acontecia ali com a assinatura que significava o máximo da classe. Os Matarazzo, os Crespi, os Lafer, os Camasmie, os Selmi Dei, os Lacerda Soares, os Jafet, Cassio Muniz, as mulheres mais lindas e elegantes da época, como Angelina Muniz, Eliane Selmi Dei, Veroca Fontoura, Ana Cecilia Americano, Vera Andraus, Elvira Giaffone, o casal Luís Carlos e Marjorie Mesquita, Hélio Souto e Maria Helena Morganti, as pessoas que contavam na cidade eram os clientes. Na fachada que dava para a avenida Paulista, o F gigante vinha ao lado da palavra Fasano, imensa, em um tipo manuscrito, estilizado.

Folhetos da área de comunicação da época descreviam:

O novo Jardim de Inverno Fasano, à Avenida Paulista constitui uma surpresa para o público, atônito com a rapidez da realização, deslumbrado com sua beleza. Construído no ponto mais alto da cidade, no majestoso Conjunto Nacional, dispondo de salões ladeados por amplos terraços ajardinados, autênticos camarotes de onde se descortinam os panoramas imensos e variados da metrópole, o novo Jardim é uma pequena cidade luminosa e arejada, dentro da cidade grande sufocada. Oásis de olvido e de enlevo.

Elevadores exclusivos levavam ao Fasano. Ao sair, penetrava-se em um hall coberto por colossal cúpula geodésica de alumínio e vidros projetada por Hans Eger, que igualmente fez história na arquitetura paulistana. Foi a primeira vez no Brasil que se aplicou o princípio criado pelo arquiteto norte-americano Buckminster Fuller, um revolucionário. Durante o dia, havia no hall luz natural e proteção contra o mau tempo. O Jardim de Inverno era no primeiro andar, o salão de festas acima dele. Com capacidade para mil pessoas com conforto, era o maior de São Paulo. Palcos, passarelas, tablado para orquestra, camarins, vários bares, ou ilhas para as bebidas.

Por que se dizia o novo Jardim de Inverno? É que por um curto período existiu o primeiro Jardim de Inverno, localizado na rua Brigadeiro Tobias, paralela à rua Casper Libero, no Centro, próximo ao viaduto de Santa Ifigênia. Ficava exatamente atrás do antigo prédio do jornal *A Gazeta Esportiva*, um dos marcos da cidade. Dali saía tradicionalmente a corrida São Silvestre, à meia-noite do dia 31 de dezembro. *A Gazeta* mantinha na cobertura de seu edifício um restaurante estrelado, conhecido como Roof. A sociedade se dividia entre o Jardim de Inverno, mais uma boate idealizada por Fabrizio, com sua pista de danças de cristal, e o Roof. O letreiro do Fasano era em néon.

O Jardim de Inverno da avenida Paulista, também com pista de cristal, foi inaugurado no dia 10 de dezembro de 1958 pelo bispo auxiliar de São Paulo, Dom Paulo Rolim Loureiro. Porém, na história do Fasano, o que ficou marcado mesmo foi o banquete que, menos de um mês depois, foi oferecido pelo cardeal arcebispo de São Paulo, Dom Carlos Carmelo de Vasconcelos Mota, ao presidente da República, Juscelino Kubitscheck, no dia 6 de janeiro de 1959.

No térreo, ao nível da avenida era lanchonete, cozinha – empadinha, croquetes, sanduíches, doces – e salão de chá. Jantava-se no primeiro andar. Vinha então o Jardim de Inverno, ao qual se tinha acesso por uma escadaria cinematográfica, coberta por um tapete vermelho. Jantar dançante todos os dias, menos domingo. Vadeco e Odilon, Ucho Gaeta e seu acordeão, Alan e Hugo, Marcelo Cortopazzi, cantores, dançarinos, imitadores que por anos animaram o Fasano. Mas as grandes receitas vinham do bufê que Ruggero tinha criado e que dominava casamentos, jantares, recepções, formaturas, banquetes, festas infantis temáticas. Para que funcionasse em ritmo de indústria, criou-se uma infraestrutura completa, que se encarregava do cardápio à decoração, flores, comidas, bebidas, justificando os slogans que corriam na época:

Fasano, a preferência das mais ilustres família paulistanas

Fasano, apreciado pelos mais exigentes gourmands

Cozinheiros contratados na Itália, França e Suíça comandam as equipes do Fasano

Eram 70 pessoas trabalhando apenas na cozinha. Na Barra Funda, imensos galpões abrigavam a seção industrial com seus fornos, estufas e fogões importados e o depósito de louças, talheres e copos. Enquanto nas melhores noites os jantares dançantes reuniam 500 pessoas, o grande salão de festas chegava a receber mil, como no banquete oficial ao presidente dos Estados Unidos, o general Dwight Eisenhower, no dia 25 de fevereiro de 1960, no qual foi servido filé de pescada e peito de frango braisé. Vinhos Precioso, Dreher, sendo que Ike, como era chamado o presidente americano, pediu para levar algumas garrafas do conhaque e o toque final foi o champanhe Peterlongo. Tudo brasileiro.

Célebres, contudo, foram as grandes apresentações com superstars do show-business americano e mundial, uma ideia que Fabrizio tinha trazido consigo das grandes casas americanas. Em São Paulo, naquele momento, havia shows nas boates Oasis e no Cave. No entanto, eram lugares pequenos, quase íntimos, frequentados pelo chamado "café society", termo criado pelo colunista carioca Jacinto de Thormes, o papa e criador do novo colunismo. Artistas costumavam se apresentar em teatros. "No entanto", ressalva Fabrizio, "meu pai ficava reticente quanto aos shows. Alegava que não podíamos marcar a casa apenas por eles. No dia em que não houvesse mais show, o movimento iria desaparecer, seria a morte". Mesmo assim, deixou correr, os shows davam status, os grandes nomes continuaram por um bom tempo.

Tendo regressado dos Estados Unidos, Fabrizio foi designado pelo pai como gerente do que também se chamava o Fasano da Paulista. Estava com 23 para 24 anos. "Ele era gerente, maître, entregador, fazia de tudo", conta Daisy. Começava às dez da manhã, ia até meia-noite, uma, duas, direto. Comandava as operações cotidianas, mas confessa que gostava mesmo era de contratar e produzir os shows que se notabilizaram e fizeram a fama da casa, que terminou comparada ao famoso Golden Room do hotel Copacabana Palace, no Rio de Janeiro. "E eu me divertia, gostava daquilo", acentua Fabrizio. "O curioso era a forte rivalidade entre São Paulo e Rio. Os dois principais colunistas cariocas, Ibrahim Sued e Jacinto de Thormes, não davam cobertura ao que acontecia aqui. Nas poucas vezes em que vi Ibrahim na nossa casa, percebi que era briguento, provocador. Pouquíssimas mulheres da sociedade paulistana eram citadas nas colunas cariocas e raríssimas entravam nas listas da mais elegantes do Brasil. Como se fôssemos um mundo à parte, ainda que o poder econômico estivesse aqui. Por outro lado, Tavares de Miranda, mesmo não frequentando tanto quanto se pensava, tinha sua rede de informantes, e o Fasano era presença constante na *Folha*, assim como nos *Diários*, onde pontificava Mattos Pacheco, um homem fechado, carrancudo, famoso pela boca torta e ironia fina, e Alik Kostakis no *Última Hora*. O três davam o tom na mídia paulistana."

Tempo em que a alta sociedade paulistana, que tinha migrado de Higienópolis para os Jardins, começou a se mudar para o Morumbi, "povoando" o outro lado do rio Pinheiros, até então distante e considerado quase interior. Surgiram as grandes mansões, como as de Baby Pignatary, industrial milionário, excêntrico, namorador de grande mulheres, e ainda as de Oscar Americano (hoje uma Fundação), de Ermelino e Hélene Matarazzo, ex-mulher de Walter Moreira Salles, uma carioca presente em todas as listas de mais elegantes por anos e anos, e que desafiou a sociedade do Rio, vindo para São Paulo. Eram tempos efervescentes.

O pileque de Nat King Cole

Passado mais de meio século desde aquelas noites que lotavam o Jardim de Inverno Fasano, Fabrizio tem um brilho no olhar e uma expressão algo zombeteira quando lembra algumas das celebridades que recebeu e ciceroneou. Infelizmente, os arquivos se perderam depois que o Fasano foi vendido à Liquigás, do grupo italiano Agip, no final dos anos 1960. Mudanças de casas e de escritórios fizeram com que tudo – recortes fotografias, programas, cardápios, o Livro de Ouro de presenças – desaparecesse.

Ele contou, certa vez, a um jornalista especializado em gastronomia, que o primeiro conselho que o pai lhe deu ao assumir o emprego foi marcante:

– Meu filho, você é novo, quer fazer bem as coisas, receber bem. Mas ouça o conselho de quem conhece. Não vá muito às mesas dos casais. Receba e deixe correr. Os maridos são ciumentos. Mais ainda se estão com as amantes.

Há uma versão em que Ruggero teria dito "mulheres de programa" ou "putas". Fabrizio questionou:

– Como vou saber se são amantes?

– Fácil. Toda amante, toda mulher de programa, pede coquetel de camarão como entrada. Depois, estrogonofe com vinho Mateus Rosé. Finalmente, a sobremesa é o crepe suzette. E encerra com licor de menta.

"Inesquecível o telefonema que recebi, em uma noite de 1960, do Departamento de Ordem Política e Social, DOPS. Uma voz se identificou como delegado e perguntou se a casa estava lotada. Naquela noite tínhamos apenas cinco mesas ocupadas.

– Por favor, o senhor pode fechar a casa, não aceitar mais reservas? Guardar discrição?

– Por quê?

– Um estadista estrangeiro está em São Paulo e vamos levá-lo ao Fasano.

Concordei, sabia também que àquela hora não devia chegar mais ninguém, seria fácil despistar retardatários, e aguardei. Uma hora depois, o estadista chegou, rodeado por uma grupo de homens armados, todos barbudos. No meio deles, altíssimo, estava El Comandante, inconfundível, carismático para o Brasil e o mundo."

El Comandante, todos sabiam, era Fidel Castro, no auge da fama após a revolução que derrubou o ditador Fulgêncio Batista, instalando o socialismo em Cuba em janeiro de 1959. "Ele esteve no Brasil no ano anterior, quando foi recebido pelo presidente Juscelino Kubitschek. Alto, imponente, carismático, profundamente simpático, Fidel veio, jantou, cumprimentou um a um, foi à cozinha, elogiou a comida e distribuiu charutos e gorjetas em dólares para todos os funcionários e garçons." O autógrafo que El Comandante deu a Fabrizio está guardado até hoje – relíquia.

A canseira que Nat King Cole deu

Fabrizio se diverte ao contar os apuros que passou com Nat King Cole. Quando chegou ao Brasil, em abril de 1959, Cole, pianista e cantor de jazz, era um dos maiores sucessos mundiais, com discos que se vendiam aos milhões. Canções como "Nature Boy", "Mona Lisa", "Unforgetable", "Too Young", "Love Letters", "Pretend", "Laura", "Autumn Leaves", "When I Fall in Love Love is a Many

Splendored Thing" faziam parte do cotidiano brasileiro, dominado pela música americana. Não menos sucesso foram suas coleções de músicas em espanhol, emplacando hits como Cachito, El Bodeguero, Adelita, Quizás, quizás, quizás, dançadas nas domingueiras e festinhas juvenis. "Alto, negro, orgulhoso, tinha a pinta de um lorde", recorda-se Daisy Fasano.

Ele era tão célebre que foi recebido em almoço por Juscelino Kubitschek. No Brasil, cantou no Rio de Janeiro em um Maracanãzinho lotado por 20 mil pessoas, no Tijuca Tênis Clube e no Golden Room do Copacabana Palace. Foi levado a São Paulo pela TV Record e se apresentou no Teatro Paramount e no Jardim de Inverno Fasano.

"O show no Jardim de Inverno foi no dia 25 de abril e eu estava com a casa lotada, eram 480 pessoas que pagaram muito caro", conta Fabrizio. Rogério, o filho do meio de Fabrizio e Daisy, acrescenta uma informação: "Quando morou nos Estados Unidos, meu pai conheceu um empresário americano, um homem que tinha muitos contatos no meio artístico. Assim, ajudava Paulinho Machado de Carvalho nas escolhas de estrelas. Os dois, papai e Paulinho, tinham um acordo que funcionava meio precariamente, mas funcionava. Trouxeram gente de gabarito."

A TV Record era a emissora de maior audiência na época e possuía um teatro na rua da Consolação, para onde iam as grandes estrelas internacionais. Vez ou outra, porém, os shows iam para o Teatro Paramount, na avenida Brigadeiro Luís Antonio, uma sala enorme e tradicional, inaugurada em 1929, sendo o primeiro cinema sonoro do Brasil. A parte de shows e musicais da Record era comandada por Paulinho Machado de Carvalho, filho de Paulo Machado de Carvalho, que o Brasil conheceu com o "marechal da vitória" na conquista dos nossos primeiros títulos mundiais de futebol. Fabrizio e Paulinho se aproximaram e firmaram acordos que eram convenientes para ambos numa bem urdida operação. Fabrizio explica: "Eu arcava com 20 ou 30 por cento do custo das atrações, com a condição de que após o show no teatro ela fosse para o Fasano. Eu buscava pessoalmente os artistas depois do show e levava para o Jardim de

Inverno. Naquela noite, quando cheguei ao Paramount, Nat King Cole tinha ido embora para o hotel, argumentando que já tinha feito dois shows seguidos e jamais na vida fizera um terceiro.

"Pânico. Me deu um frio na espinha, apanhei o carro e voei para o hotel Othon Palace, no Centro, por sorte não distante. Todos os famosos ficavam no Othon ou no Jaraguá, eventualmente no Lord. Nat não atendeu o telefone, eu queria subir, a recepção não deixava. Finalmente um gerente me reconheceu, subi. Batemos, batemos, Nat abriu a porta, entre bêbado e sonado, querendo saber o que eu fazia ali. Expliquei. E ele:

– No, no, no... Já fiz meu show, já fiz meu show.

"Como eu falava inglês muito bem, argumentei, acenei, pedi, implorei, chorei. Ele, quase dormindo, irredutível. E mais de uma da manhã, expliquei que a casa estava lotada, iam quebrar tudo, o Fasano ia falir. Quase me ajoelhei. Finalmente, num raro acesso de lucidez, ele concordou e fomos para o show. Faltava pouco para as duas, parte da plateia tinha ido embora raivosa, reclamando muito, protestando. Pensei: preciso devolver o dinheiro, amanhã. Seria o mínimo. Levei Nat ao camarim e na passagem ele viu a crooner Marta Janete cantando, tentando segurar o público irritadíssimo. Não confiando no americano, fiquei no camarim, esperando que trocasse a roupa. Ele usava um cuecão até o joelho, uma ceroula listrada, breguíssima, e meias de seda transparentes (exigência que obrigou a Record a girar pela cidade em busca, encontrando finalmente na Casa Kosmos), e disse que só ia para o palco se transasse com aquela crooner linda. Prometi que arranjaria as coisas.

"Ele entrou no palco e corri para avisar para Marta desaparecer. Disse a ela: Vou enrolando aqui e, quando ele estiver para terminar, dou um sinal com as luzes, você cai fora, se manda.'" Solteiro, boa pinta, Fabrizio já tinha um olho para Marta Janete, uma bela mulher, cantora que emplacara vários sucessos e tinha sido candidata a rainha do rádio, mas que ainda nos anos 1960 retirou-se de cena.

"Nat King Cole subiu ao palco e o drama começou. Ele não conseguia tirar o microfone do pedestal, ficava irritado, desafinava, arrastava tudo, e, como o palco era oco por baixo, vinha um barulhão, dava microfonia o tempo inteiro. Não havia, é evidente, a tecnologia de hoje, apuradíssima, ainda que o Fasano tivesse o que existia de melhor. Só que o melhor era ruim, precário. O público começou a vaiar. Os músicos, irritados com o atraso, tocavam mais alto, para sabotá-lo. Tinha virado um pandemônio, as pessoas levantando, vaiando. Ele punha o copo de uísque em cima do piano branco (branco, outra exigência dele, tivemos de pintar um), e, como o piano se deslocava em cena, o público percebeu que o copo deslizava, até chegar um momento que todos gritavam: 'O copo vai cair, o copo vai cair.' No último segundo ele levantou a cabeça e agarrou o copo praticamente no ar, e o público levantou-se e aplaudiu. De certo modo, a cena salvou a noite. O show, que deveria durar uma hora, teve apenas 20 minutos. Os minutos mais longos de minha vida. Um suplício para meu pai. O velho Ruggero saiu às quatro da manhã, foi para casa e a tensão fez o coração dele estourar. Foi o primeiro infarto.

"Quanto a King Cole, nem conseguia andar; eu o carreguei no colo até o hotel e entreguei-o ao porteiro. O pior é que eu já tinha pago, a Record exigia de mim o pagamento antecipado de cada atração. E o que nos custou reparar a catástrofe? A vantagem é que o Jardim de Inverno tinha um cacife muito alto, as pessoas compreenderam o que se passou. Acabou ficando no anedotário do show business paulistano."

A generosidade de Sammy Davis Jr.

Quando Sammy Davis Jr. veio ao Brasil estava com 35 anos. Já era conhecido não apenas como ator, mas como músico, cantor e dançarino. "Minúsculo, 1,59 metro, era um artista milagroso, um prodígio do show-business, capaz de pegar instantaneamente coreografias complicadas, cantar como um talento inato e aprender a tocar qualquer instrumento que lhe pusessem nas mãos."[3] Quando aqui che-

[3] Segundo James Kaplan em *Frank: a Voz*, Companhia das Letras, São Paulo, 2013

gou era também membro do Rat Pack, o grupo fechado, inacessível, liderado por Frank Sinatra, que se chamou inicialmente o Clã. Dele faziam parte Sinatra, Dean Martin, Sammy Davis Jr., Joey Bishop e Peter Lawford, galã que depois de um bom início de carreira (era muito bonito) se sustentava por ser cunhado do presidente Kennedy. Foi casado com Patricia Kennedy e teve quatro filhos. A certa altura, drogado e alcoólatra, era célebre por arranjar mulheres para o grupo. Foi ele quem levou Marilyn para o aniversário do presidente, quando ela cantou o mais famoso "Happy Birthday" de todos os tempos, num vestido de tecido finíssimo, costurado no corpo, como segunda pele. Enquanto ela cantava, as costuras começaram a se romper, revelando que não havia nada por baixo. O Rat Pack era um grupo poderoso dentro do show-business, conhecido pelo talento, pelas farras e bebedeiras. Todos dizem que foi a época áurea do show-business em Las Vegas. As drogas devastaram o final de carreira de Sammy Davis Jr.[4]

O assunto do momento era o romance entre ele e a loira atriz sueca May Britt, que provocava celeuma racial nos Estados Unidos e ameaças da Ku Klux Klan. Ele tinha terminado também um relacionamento com a loira Kim Novak, por imposição da máfia e dos racistas, que prometeram matá-lo. Ao voltar da viagem ao Brasil, Sammy casou-se com May em 1960.

Homem acostumado a tudo, Fabrizio confessa que se emocionou com Sammy Davis Jr. "Ao contrário de astros muito menores, cheios de si, Sammy teve uma única exigência ao chegar ao Brasil. Queria uma câmera fotográfica Nikkon, que a Record deu. O tempo inteiro, passava fotografando. Quando fui buscá-lo no teatro, Sammy disse também que tinha feito dois shows, não faria um terceiro. Vieram as conversações, expliquei meu acordo com Paulinho. Ele quis saber

---

[4] Sammy veio ao Brasil entre 1959 e 1960. Sei disso porque trabalhava no *Última Hora* como repórter e fiz todas as coberturas nos dias em que ele passou em São Paulo, quase uma semana.

se eu já pagara. Estranhei, porque já tinha pago tudo, mas percebi que havia algo no ar, ninguém da equipe dele tinha ido ao Jardim de Inverno olhar, vistoriar o lugar do show, coisa mais do que normal. Não hesitei, respondi que não. Ele me olhou e teve a atitude mais surpreendente que já vi em toda a minha vida por parte de uma estrela.

– Está bem! Traga o dinheiro que na hora do show vou entregar para uma entidade beneficente. Você escolhe qual.

"Surpreso, convidei o Luiz Rodrigues, presidente da Federação Espírita. Na hora, Sammy veio ao palco, recebeu o dinheiro de minhas mãos, era algo como 10 ou 20 mil dólares, e repassou à Federação. Depois, cantou, dançou, sapateou, fez imitações de Cary Grant e Frank Sinatra. Lembro-me de ele ironizar a maneira de andar de John Wayne e do sacar o revolver rapidamente como um bom caubói. Aliás, ele contou que aquele andar de "macho" tinha sido inventado por John Ford, que implicava com Wayne, dizendo: 'Você anda como uma bicha.' Fui com ele à boate Michel uma ou duas vezes, era o lugar mais granfino da cidade, reduto dos socialites. Sabíamos, nós, os dos bastidores, que algumas famosas atrizes brasileiras o procuraram no Othon, ali pernoitando. Uma delas, alta, loira, símbolo sexual da época. Deixou, para que eu e a Record pagássemos, uma dívida considerável com a Telefônica. Foram longas ligações internacionais para May Britt. Ligava do teatro, ligou do Jardim de Inverno. Estava apaixonado."

As pernas de Marlene Dietrich

"Os homens comentavam, espantados: 59 anos, e que corpo! As mulheres, em lugar de ironias, queriam saber como ela mantinha aquelas pernas que a tinham feito famosa." Marlene Dietrich, uma das personalidades mais fascinantes do show-business mundial, atriz, cantora, dançarina, chegou ao Brasil em agosto de 1959, pouco depois da exibição de seu filme *Testemunha de Acusação* (*Wittness for the Prosecution*), um suspense que foi um êxito incomparável pela direção de Billy Wilder. Tinha acabado de filmar com Orson Welles o clássico *A Marca da Maldade* (*Touch of Evil*).

Marlene apresentou-se no Rio de Janeiro, no Copacabana Palace, e foi para São Paulo. O colunista social do *Correio da Manhã*, do Rio de Janeiro, Chuck Woodward, garantiu que ela tinha se apaixonado por Ricardinho Fasanello, um playboy milionário, descendente do fundador da rede de lotéricas Fasanello, a maior do Brasil. Excêntrico, Ricardinho costumava andar num carro esporte conversível, levando uma onça no assento ao lado. Os playboys paulistanos de plantão nada conseguiram, mas Fabrizio garante que Alvaro Assumpção, o Meninão, ficou apaixonado por Marlene, e fez as maiores investidas, viu o show na mesa da primeira fila.

Fabrizio tem lembranças agradáveis: "Uma tarde, Marlene estava ensaiando e o iluminador, que nada sabia de inglês, não conseguiu ler as indicações de luz. Ela não gostava de determinadas cores que não a favoreciam. Quando o sujeito errou as luzes, ela parou com tudo, raivosa, e disse que não ia cantar naquele lugar. Entrei em cena, apanhei o roteiro e disse para deixar por minha conta. Na emergência, fui para a luz. Tinha minhas noções. Ela exigia: 'Ilumine as minhas pernas. Utilize a sua luz para realçá-las, torná-las misteriosas e excitantes.' Você não tem ideia de como ela tinha as pernas lindas, as mulheres ficaram abismadas. Acho que fui bem, porque, à noite, na hora do show, ela me chamou:

– Se você não me iluminar, não faço o show!

"Assim foi, todas as noites. Antes de entrar, vinha a recomendação:

– Deixe meu rosto à meia-luz, na penumbra, o importante é minha voz.

"Ela tinha vestidos colantes, casacos de plumas, e no final veio vestida de homem, sensual, excitante. Cantava em inglês, francês e alemão, tinha a voz rouca, um charme extraordinário, um carisma que raras vezes vi. Foi aplaudida de pé ao cantar "Lili Marlene", "I've Grown Accostumed to Her Face", "Falling in Love Again", "Lola", "La Vie en Rose", "Lazy Afternoon". Não garanto, mas tenho quase certeza de que o pianista dela foi Burt Bacharach, hoje com 86 anos, e autor de músicas de sucesso como Raindrops Keep Falling on My Head.

"Depois, fomos conhecer a noite, e ela se mostrou incansável. Fomos ao Baiuca, ao Cave, do Jordão de Magalhães, ao Michel, do Jimmie Christie, ao Oasis, que se rivalizava com o Fasano em matéria de cantores internacionais. Passamos por dez lugares, entrávamos, bebíamos alguma coisa, partíamos. Levei-a para o hotel às cinco e meia da manhã e a mulher estava inteira. Apesar do que publicaram, e Daisy desconfiou, nunca tive nada com ela."

Naqueles anos, estrelas e mais estrelas passaram pelo Fasano, nacionais e internacionais, como Jane Russell, Domenico Modugno, Tony Bennett, Sarah Vaughn, Harry James (casado com Betty Grable, as mais belas pernas de Hollywood), Julie London, Sammy Davis Jr., Caterina Valente, Ginger Rogers, Roy Hamilton, com seu clássico "Unchained Melody", sucesso que durou décadas, Renato Carrozone, Ima Zumak. Dos brasileiros, ele ainda tem na memória os sucessos de Dick Farney, Cauby Peixoto, Angela Maria, Miltinho, Agostinho Santos, Jair Rodrigues.

O beijo na boca de Jane Russell

Fabrizio diz que Tony Bennett veio apoiado no sucesso de canções como "I left my heart in San Francisco" e "Tender is the night", do filme homônimo de Henry King, baseado no livro de Scott Fitzgerald em 1962. Jane Russell, dona dos mais belos seios do cinema, saía do sucesso do filme *Os Homens Preferem as Loiras*, ao lado de Marilyn Monroe. Era das mulheres mais sensuais de Hollywood, símbolo sexual de uma época. "Uma noite, levei o maior susto", lembra Daisy. "Quando vi, Jane atravessou lentamente o salão, olhada por todos, e chegou diante de Fabrizio, que, claro, se levantou. E recebeu um beijo na boca digno de cinema... e mais do que de cinema... esfriei... enraiveci..." Fabrizio, por sua vez, diz que "Jane tinha uns seios lindos, umas pernas incríveis, longas, mas não era muito bonita de rosto".

A italiana Caterina Valente emplacou um dos maiores hits daquele tempo, “Istambul”, que explodiu no mundo e teve várias versões no Brasil, onde todos cantavam “Ô, Istambul, foi Constantinopla”. Cantava com perfeição em várias línguas, principalmente alemão. Seu repertório ia de Granada e “Malaguena a Ganz Paris Traumnt von der Liebe”. Julie London chegou na onda do “Fly me to the moon”. Ima Sumak criou a imagem de exótica. Peruana, seu verdadeireo nome era Zoila Augusta Emperatriz Chavarri del Castillo, cantora lírica que interpretava estranhos ritmos incas e também boleros e mambos. Domenico Modugno chegou na esteira do “Nel Blu dipinto di blu”. Era daqueles que gostava de cantar, ser aplaudido, levantar o público. Não havia ninguém que não conhecesse “Nel blu dipinto di blu”, quase um hino nacional na época. Tanto ele quanto Renato Carosello divertiam-se durante o show, adoravam o que faziam. Conquistaram a cidade. Por eles, fariam cinco shows por noite.

Para Rogério, filho de Fabrizio, o pai sempre foi “charmoso, ativo, esperto, cheio de manhas e de conversas. Homem da noite, adorava sair, frequentar, movia-se bem em vários círculos, conhecia gente de todo tipo, do empresário ao industrial, ao político, ao socialite e atores, atrizes, manequins, cantores, jornalistas, garçons, maîtres. Sempre foi amado, um grande relações públicas”.

Fabrizio forma sua família

Sem avisar ninguém, a não ser a família, Fabrizio chegou dos Estados Unidos em 1958. Ele não sabia que algumas coisas tinham mudado por aqui, relata Daisy: "Acontece que a certa altura eu não sabia mais se aquele namoro continuava, se Fabrizio ainda me queria, e decidi que devia levar minha vida e tive vários namorados. Aqueles namoricos de juventude, que hoje chamam ficar, só que o 'ficar' nosso era diferente, menos ousado, com menos liberdades. Nesse meio tempo, meu pai morreu, fiquei cuidando de mamãe, ela estava por demais abalada; meu pai morreu muito novo. Comecei a namorar sério com um jovem que estudava medicina, hoje é um profissional conhecido, estávamos bem firmes.

Naquele mesmo ano, meu irmão se casou e chamou para padrinho exatamente o irmão de meu namorado. Quase na véspera do casamento, recebi um telefonema de dona Ida, mãe de Fabrizio.

– Daisy, você pode vir até aqui?

– Ir aí? Fazer o que, dona Ida?

– Preciso de você.

– Precisa?

– Na verdade. Vou te dar um presente. Você vem?

Fui. Quando entrei, o maior susto. Dei com Fabrizio, que tinha acabado de chegar. Esfriei. Ao mesmo tempo, uma alegria, senti naquele momento uma emoção boa me atravessando. Mas caí em mim. E meu namorado? Estávamos engrenando a conversa, quando Fabrizio, feliz, me anunciou:

– Vamos nos ver amanhã.

– Amanhã?

– Sim, vou ao casamento do seu irmão.

'Agora sim é que estou arranjada', pensei. Teria que driblar meu namorado ou o Fabrizio? Este foi, colocou-se ao meu lado, comportado, mas ainda se achando o dono da bola. Foi quando meu namorado chegou, me deu dois beijos efusivos e grudou em mim. Fabrizio ficou estatelado, compreendeu, mas era vivo, esperto. Na festa, aproximou-se de meu namorado, falaram que falaram, beberam que beberam, ficaram amigos. Namorei o moço mais um tempo, até que um dia Fabrizio veio à minha casa, me olhou nos olhos e disse simplesmente:

– Então? Vamos casar!

Foi muito para minha cabeça, não disse nada. Mas de repente lembrei que, nas conversas, meu namorado dizia que iríamos casar, mas ele não queria ter filhos de modo algum. E eu não me imaginava uma mulher casada e sem filhos, não tinha sentido, razão de ser. Casar por casar, não ter família? Além de tudo, era um homem ciumentíssimo, desses de ficar no pé, cheio de exigências, pedidos de explicação. Logo comigo, que era uma moça de cabeça aberta, gostava de aprontar? Não foi sem razão que tive de mudar de colégio várias vezes. Num deles, católico, descobri que um dos padres estava dando em cima de uma freira e denunciei à diretora. Quem caiu fora fui eu. Era um colégio tradicionalíssimo, está ai até hoje."

Assim chegou setembro de 1960 e os dois se casaram no dia 3. Houve muita negociação para decidir se haveria uma grande festa ou se a cerimônia seria íntima. O velho Ruggero ponderou que se fossem chamar todos com quem se relacionavam, poderiam lotar o estádio do Pacaembu. Os clientes do Fasano acabavam sendo amigos, fiéis, habituais, constantes. Também não era possível fazer apenas um coquetel à base de canapés. Fazer uma seleção? Complicado. Os que ficassem de fora iriam chiar, e com razão.

Daisy e Fabrizio casaram-se na Igreja da Imaculada Conceição, na avenida Brigadeiro Luís Antônio, seguindo para a casa do irmão dela, onde cortaram um bolo, tomaram champanhe. Os padrinhos eram mais do que vips: Laudo Natel, que governaria o estado por duas vezes e levantou recursos para a construção do estádio do Morumbi, e Amador Aguiar, fundador do Banco Bradesco, célebre por não usar meias.

Os recém-casados viajaram para Santos e seguiram para Campos do Jordão. Para comprar o enxoval, Daisy vendeu o piano que tinha ganhado do pai, pouco antes de ele morrer. "Um enxoval lindíssimo, da Carolina, loja da rua Augusta, paraíso das noivas", diz ela. Ao voltarem, foram morar com a mãe de Daisy num apartamento da avenida Angélica. Meses depois a mãe mudou-se para São Vicente, perto da Ilha Porchat. O apartamento da Angélica ficou pequeno, eles se mudaram para a rua Peixoto Gomide, para um apartamento pertencente a Lia, filha de Amador Aguiar, casada com Fábio, irmão de Fabrizio. Lia e Daisy eram grudadas, como que irmãs. "Vivíamos em apartamentos confortáveis, grandes, mas alugados. Demorou muito para termos nossa primeira casa. Fabrizio continuava com o pai, dava duro, tinha uma retirada boa, mas as despesas com a família aumentavam. Da rua Peixoto Gomide fomos para a rua Artur Ramos e dali para a Campo Verde; a gente não parava, procurando se ajeitar. É a eterna inquietação de Fabrizio e seus projetos."

O primeiro filho, Fabrizio Júnior, chegou no dia 5 de maio de 1961. Ela ainda amamentava quando foi ao ginecologista, que anunciou: "Você está grávida de quatro meses." Em abril de 1962 nasceu Rogério, que ganhou em família o apelido de Tico.[5] "Veja só!", diz Daisy, "um ano e meio de casados, eu com dois filhos. Era fogo!"

A década de 1960 começou com uma grande prosperidade dos países ricos. Houve uma explosão do consumo, 90% dos americanos tinham televisão e desde 1959 uma em cada três famílias inglesas tinha automóvel. Vieram grandes transformações no Brasil e no mundo.

---

[5] Somente durante uma conversa nossa em junho de 2013 Rogério se referiu ao apelido, sem saber o motivo. Lembrei que seus pais começaram o namoro durante o filme *Tico-tico do Fubá*.

Elvis Presley já tinha aberto caminho aos Beatles e aos Rolling Stones. Descobria-se a contracultura, havia lirismo e idealismo, depois de Cuba parte da juventude aderiu ao socialismo, combatendo o imperialismo americano, falando em povo e defesa do povo. Foi também a época da sexualidade exacerbada, das drogas, do LSD, da nudez, da liberação feminina, dos grandes protestos. Foi eleito um papa liberal, João XXIII, que mudou a cara do Vaticano, vieram os hippies, o paz e amor, faça amor, não faça a guerra. Nada mais seria como antes.

Nesta altura, Ruggero e Fabrizio comandavam não apenas o pequeno "império" da Paulista, como ainda a casa da Vieira de Carvalho, o bufê. A marca Fasano era sinônimo de qualidade.

O declínio do Jardim de Inverno

No Brasil, a travessia de 1963 para 1964 foi tensa, com os movimentos da classe média, da alta burguesia e dos militares, todos amedrontados com a possibilidade de o Brasil se tornar comunista. Era o que mais se ouvia, comunismo. Várias marchas de conservadores e religiosos pelo Brasil exigiam mudanças, enquanto o presidente Jango pregava reformas de base, principalmente a agrária.

Para Daisy, 1964 foi um ano de sobressaltos. Não bastasse uma situação político-econômica que afetava a vida diária de cada brasileiro, eles foram mudando de casa continuamente. Da rua Peixoto Gomide passaram para a Campo Verde e em seguida rua Maranhão. Houve um momento de pânico em família. Fabrizio Júnior diz que tem flashes daquela época, era muito pequeno, mas via a mãe sempre triste. Ele sabia que havia qualquer coisa com o pai, que se mostrava abatido, prostrado, sem o vigor que o caracterizava, enérgico, antenado. Logo ele, que jamais tivera uma doença. Veio uma bateria de exames, nenhum detectou as causas. A pele e os olhos amarelados, sem forças, sempre com náuseas; afinal, um dos exames teria apontado câncer, provavelmente no fígado. Câncer. Aos 29 anos?

"Sei que passei a ouvir duas palavras estranhas dentro de casa, meio sussurradas: câncer e testamento. Naquele tempo, crianças eram mantidas fora dos assuntos da família. Testamento, era a palavra que parecia deixar todos assustados. Soube depois que papai fizera o testamento, o que significava que ele ia morrer", comenta Fabrizio Júnior. "Porém mamãe se impôs, firme:

– Vamos é atrás de uma segunda, terceira opinião. Vamos consultar outros médicos.

Ela bateu de frente com um conformismo geral que pregava que quando essas coisas acontecem, é porque tinham de acontecer. Tem de vir. Passaram a buscar novas respostas. Foram momentos de angústia, os médicos não chegavam a uma conclusão. Finalmente, decidiu-se: cirurgia. Novas ansiedades. Fabrizio, fraco, suportaria? A família exigiu a presença de um oncologista amigo. Quando abriram o paciente, o especialista olhou, nem titubeou, mandou fechar. Não havia câncer algum, era apenas hepatite, sobre a qual ainda não havia estudos desenvolvidos na época. Curável com repouso, ausência de gorduras e de álcool. Fabrizio guardou para sempre a enorme cicatriz na barriga. Mal recuperado da primeira, veio uma segunda hepatite que o manteve por seis meses na cama. Imagine o que significava isso para um homem inquieto, hiperativo como ele?"

Da rua Maranhão a família foi para a Artur Ramos. Daisy fecha os olhos por um momento: "Nem sei mais por que mudávamos tanto, ainda que mudanças tenham sido uma tônica de minha vida, desde a juventude, quando mudei tanto de colégio que no fim estava tendo dificuldade de terminar um curso. O ano de 1964 foi complicado, cheio de altos e baixos. Fabrizio estava no hospital, eu com dois filhos pequenos e grávida da Andrea, e o dinheiro curto, tudo contado."

Nesse clima, nasceu Andrea. No Fasano, a rotina começava a se alterar gradualmente.

Tempos turbulentos no Brasil

Depois do golpe de abril de 1964, quando o regime militar se instalou no poder, muitas coisas começaram a mudar nos costumes dos paulistanos. A sociedade se retraiu na chamada "badalação social". Megafestas (de arromba, definiam) e jantares diminuíram consideravelmente, para não chamar a atenção. A situação era instável, corriam todos os tipos de rumores, inclusive alguns que salientavam que a esquerda retomaria o poder em pouco tempo, estava apenas retraída, se preparando. Fofocas, mexericos, boatos circulavam junto a notícias cassações de mandatos políticos, de prisões de professores, líderes sindicais e estudantis. Muita gente buscou o exílio. O medo permeava.

Até então, todo tipo de gente frequentava o Jardim de Inverno, de nomes conservadores a empresários conhecidos pelo pensamento liberal. Evidente que se tratava de pessoas de posses que, lentamente, passaram a não se mostrar em público. Ou para se preservarem, diante das incertezas, ou por não quererem mesmo se exibir, o que poderia ser considerado uma provocação. As reservas diminuíam dia a dia, os shows eram raros e cada vez mais caros com o custo dólar. Os que ofereciam grandes recepções em casa deram um tempo, os casamentos passaram a ser íntimos, o movimento do bufê era lento. "O Fasano era sinônimo de dinheiro, gente de poder aquisitivo. Naquele momento, pós-Cuba, em pleno regime militar, com a Guerra Fria em curso, ninguém sabendo o que ia acontecer entre Rússia e Estados Unidos, a sociedade 'panicou', se fechou. Foi aí que o Fasano começou a decair", avalia Fabrizio Júnior.

Cada vez que alguém entrava no Jardim de Inverno e dava com um militar graduado à mesa do restaurante, ficava incomodado. Ou tinha medo. Fabrizio Júnior lembra-se de comentários feitos em família, anos depois, contando como o Fasano vivia cheio de altas patentes. Eram os donos do país. "Quem era visto ali por um militar, quem chegava num carro importado, às vezes passava noites sem dormir, achando que, de um momento para o outro, podia perder tudo, ser chamado pela polícia política."

Muitos, hoje, passados cinquenta anos, se esqueceram ou tiveram as lembranças suavizadas. Os que tinham assumido o poder não estariam dispostos a acabar com a alta burguesia perdulária, que vivia um nível de vida incompatível com o país? E quem garantia que aquele senhor em outra mesa não fazia parte dos "conspiradores" que iam derrubar o governo e proceder a uma limpa, uma devassa? Tudo era confuso. Falava-se que o *paredón* (fuzilamentos sumários) de Fidel Castro seria instalado no Brasil. Ninguém atentava para os paradoxos, as contradições. Os militares derrubaram Jango acreditando que ele ia tornar o Brasil comunista, assim como Fidel fez com Cuba. Quem era o verdadeiro inimigo, afinal? Por via das dúvidas, desconfiava-se de tudo e de todos, daí o estranho clima instaurado.

Acrescente-se aqui uma situação econômica em que a nova ordem buscou legitimar-se junto à classe dominante e o governo dos Estados Unidos, com uma política econômica liberal, simpática ao capital estrangeiro, facilitadora da oligopolização dos bancos e concentradora da renda em favor dos estratos mais ricos da população. As diferenças de classes se acentuaram. As classes média e média alta sentiram o baque, o dinheiro se retraiu. Havia um imenso agravante para quem era empresário, industrial, comerciante ou simples cidadão. A "inflação galopante", como a imprensa a denominava. A instabilidade começou a partir da renuncia de Jânio Quadros em 1961 e a posse – e posterior queda – de Jango. Veio a inflação a corroer dia a dia os salários, os investimentos, os empréstimos, os financiamentos. Um cruzeiro pela manhã eram cinco cruzeiros, ou dez, ao final do dia. As máquinas remarcadoras tornaram-se um objeto familiar nos supermercados.

Neste mix, a frequência ao Fasano foi se retraindo, as despesas cresceram, era uma grande estrutura a sustentar, Ruggero lutava para não despedir ninguém, manter sua organização, acreditando que a situação mudaria. Afinal, tinha passado por momentos difíceis desde que restaurara o nome Fasano. Mas o que entrava diminuía, havia impostos, inflação, mal se pagavam as despesas. Ruggero foi, pouco a pouco, dando as propriedades para garantir empréstimos bancários. Ele estava apenas com 57 para 58 anos, o que, nos dias de hoje, é ainda plena maturidade e força, mas não naquele tempo. A expectativa de vida estava entre os 60 e 62 anos, em boas condições. Hoje, atingiu os 75 anos. Ruggero também tinha tido um segundo enfarto e seu coração protestava com a tensão e os grandes esforços.

Foi quando ele criou o cargo de superintendente e trouxe Giovanni Grignani, um velho amigo, chegado e de confiança. Abriu-se a empresa familiar para a profissionalização, o que significou um gesto de modernidade. Com Grignani foram abertas pequenas rotisseries, casas sem mesas, apenas balcões, com comida para viagem, antecessoras dos *deliveries*. Foram três, na avenida Santo Amaro, na rua São Gabriel e na rua Turiassu, em Perdizes. O nome Fasano atraiu clientela classe média, era um bom movimento. "Na São Gabriel, nos vimos diante de um problema insolúvel: a colocação de uma porta automática que comprei nos Estados Unidos. Aquela dotada de sensores, a porta se abre quando você se aproxima. Seria uma novidade. Tenho a sensação, e não devo estar enganado, de que foi a primeira de São Paulo. Não houve um só técnico capaz de fazer a porta funcionar, para se ter ideia de como eram as coisas no Brasil então. Na época, o Fasano significava um pequeno império com mil e duzentos funcionários", avalia hoje Fabrizio.

Grignani era igualmente diretor da Liquigás, uma potência. De comum acordo, ele vendeu as ações da família para a Liquigás, capitalizando Ruggero. Era muito dinheiro, mas foi consumido pelas demissões, causas trabalhistas, impostos, encerramento das casas. Como eram todos imóveis próprios, ele foi vendendo um a um. A Liquigás manteve o Jardim de Inverno aberto até 1968, enquanto a confeitaria no térreo funcionou até 1973. Os letreiros permaneceram na fachada por mais de dez anos, mantendo "viva" a grife Fasano.

Antes que ficasse reduzido a zero, Fabrizio e o irmão Fábio procuraram o pai:

– Calma, administre as coisas, segure ao menos um apartamento para você.

O patriarca manteve um apartamento para ele e Ida, e um para cada filho. Rogério, muito criança, visitava o avô e o encontrava sempre sentado numa poltrona, bravo, vociferando. Sobre esta imagem sobrepunha outra, a o do avô colocando-o sentado no balcão e trazendo uma das famosas coxinhas da confeitaria. Era seu temperamento. Morreu em julho de 1968. Ida, sua mulher, viveu até quase os 90 anos, falecendo pouco antes da inauguração do Fasano da rua Hadock Lobo.

Uma experiência editorial

Nesse período, era preciso sustentar a família, ganhar algum dinheiro. A ideia salvadora surgiu em uma conversa entre duas famílias amigas, lembra-se Daisy, a deles e a do Luis Carta. Neste momento, Luis, jornalista profissional, tinha aportuguesado o nome Luigi. Fabrizio era bom de conversa, sabia convencer as pessoas, tinha tino comercial. Por que não tentava o mundo editorial, em franca expansão com o crescimento da Editora Abril? Fundada em 1950 por Victor Civita, a Abril começou lançando o *Pato Donald*. Pouco mais de dez anos depois, deu uma arrancada com revistas como *Claudia*, que logo se tornou a mais importante revista feminina do Brasil. Vieram as fotonovelas, que tinham imenso público, e uma série de outras publicações. O eixo editorial brasileiro começava a se deslocar do Rio de Janeiro, que não era mais a capital do país, onde havia as muito lidas *O Cruzeiro* e *Manchete*, para São Paulo.

Luis era diretor editorial e Domingo Alzugaray, o diretor comercial. Ambos, alicerces da Editora Abril dos Civita. O argentino Alzugaray era uma figura curiosa, alto, bonito, galã de fotonovelas, que obtivera sucesso em filmes dirigidos pelo argentino Carlo Hugo Christensen, como *Matemática Zero, Amor Dez* e *Meus Amores no Rio.* Um homem empreendedor.

"A Abril, cuja sede era no centro da cidade, na rua João Adolfo, era pequena, mas grande para São Paulo. Faturava muito com as infantis, com a *Claudia* e as fotonovelas", diz Fabrizio. "Fiquei pouco tempo como assistente do Luis, vi que o editorial não era meu mundo, e o Domingo me levou para o departamento dele. No comercial, eu me senti à vontade, conhecia o ofício. Peguei a *Capricho* com 150 mil exemplares, vendemos muito anúncio, a tiragem cresceu, chegou a 500 mil. Uma grande jogada foi com *Intervalo,* a primeira revista de serviços da televisão no Brasil. Era um formato pequeno, 15 por 23 centímetros. Criei uma novidade para a época, a dos brindes. No meio da revista vinha um envelope preto, lacrado. Dentro, os prêmios, que variavam de assinaturas de *Intervalo* a um automóvel Volkswagen. Foram sorteados mais de quinze, virou febre. Quando terminaram os prêmios, a revista tinha pegado.

Eu gostava das negociações com as empresas, com as agências de publicidade, vivia cheio de ideias, era bom para dobrar os chefes de marketing, palavra que, na verdade, ainda não era usada na época. Com uma equipe de talentos no comercial, era uma loucura o que se vendia, as pessoas pediam cinco, seis números de uma vez nas bancas. Com o dinheiro, houve uma renovação editorial, a revista viu seu borderô crescer, ganhou respeito no meio televisivo, se impôs. A maioria das grandes estrelas de hoje, superstars, estava iniciando e foi capa de *Intervalo*, e devem muito à revista na solidificação de suas carreiras. Lembro-me de Susana Vieira, belíssima, com vinte e poucos anos, em novelas como *Alma de Pedra* e *Ninguem Crê em mim*. Ela na capa fez a *Intervalo* estourar."

Daisy lembra-se de que a filha Andrea a obrigava a descer à banca:

– Vamos lá, quero a "moinha".

Era a sua maneira de dizer minha revista. Moinha, Daisy sabia, era a *Intervalo.* Uma não bastava, ela queria quatro, cinco, queria prêmios. Nem esperava o pai que, no final do dia, sempre trazia alguns exemplares do reparte que o comercial recebia para distribuir entre clientes. Daisy diverte-se ao contar que muitas das primeiras fotonovelas eram produzidas por Domingo em seu próprio apartamento, transformado em estúdio improvisado, com cenários e luzes, e a mulher dele, Katya, como produtora, para baratear custos. Verdadeiros dramalhões que o povo consumia com avidez.

A Abril, em meados dos anos 1960, ocupava vários andares de um prédio na rua João Adolfo, vizinho ao Hotel Cambridge, um dos estrelados da cidade. Ali tinha se hospedado Jane Russel. O point de jornalistas e publicitários era o bar e restaurante no térreo, lugar badalado no almoço e lotado no *happy hour*. Ali nasceu o Club Sandwich, então o mais refinado e caro da cidade. Os publicitários criaram vários sanduíches na época, homenageando as revistas *Capricho*, *Claudia*, *Manequim* e *Intervalo*. "Um dia", admite Fabrizio, "cansei. Aquilo era um moedor de carne e de gente. Quis fazer outra coisa, que estivesse mais de acordo comigo, com meu jeito, com o que eu sabia. E eu sabia da noite, de boates, restaurantes, bebidas. Naquele período tivemos um sinal de sorte, de que as coisas mudariam. Compramos um bilhete de uma rifa de amigos de Taquaritinga, onde Daisy sempre manteve amigos. E ganhamos um carro Wolkswagen. Vendemos, capitalizava tudo o que era possível."

Iniciava-se outra época para ele, para a dinastia Fasano. Uma reviravolta, e o dinheiro entraria à jorro. A vida da família mudaria completamente.

O BOM UÍSQUE SE CONHECE NO DIA SEGUINTE

Uísque importado ou nacional mesmo? Esta frase, dita por todos os garçons de bares, boates ou restaurantes era corriqueira naqueles anos 1960, quando a maioria dos bebedores de uísque pertencia à classe média e média alta, sem falar nos muito ricos. "A diferença", lembra Fabrizio, "não estava apenas no preço, mas essencialmente na qualidade. Os que podiam importar, tomavam o legítimo scotch. Muitos, querendo se mostrar, diziam assim mesmo, 'scotch', ainda que muitos uísques viessem dos Estados Unidos. Era comum, entre os que tinham posses, ter seu fornecedor pessoal (a palavra *personal* ainda não estava em uso, mas podia ser aplicada). Outros se orgulhavam de seu contrabandista, numa época em que também era comum ter o seu doleiro, aquele que vendia os dólares do mercado paralelo (eufemismo para o mercado negro cambial). Marcas de um tempo, de um país com o mercado e a economia fechados.

Durante anos vivendo a noite, Fabrizio Fasano ouvia os bebedores reclamarem: "Se vou tomar uísque importado, tenho de reduzir as doses pela metade, o preço é uma loucura. Só que o nacional ninguém consegue beber." Homem da noite, bom bebedor, ele remoía essa situação na cabeça. "Devia haver uma solução." Fabrizio Júnior acrescenta: "Não era preconceito, nem esnobismo, a verdade é que o uísque nacional dava dor de cabeça, não tinha jeito. Aquilo era um martelar incessante na cabeça de meu pai, que adorava desafios e estava sempre a procura de uma brecha, um nicho ainda não explorado.

Tinha de haver uma solução, dizia ele, e esta seria a produção de um uísque brasileiro de qualidade. Era um momento em que a industrialização avançava, o Brasil descobria que não podia ficar dependente de tudo. Se você trouxesse a matéria prima de fora e produzisse aqui, tornaria o preço mais acessível, ele avaliava."

Fabrizio conversava com importadores, distribuidores, bebedores, *barmen*, questionava, pesquisava, pedia literatura sobre o assunto, discutia com amigos que indagavam: "Por que essa obsessão? Onde você quer chegar?" Emilio Bildner, amigo de Fabrizio no Rotary Club, era sócio de Mário Amato e Emidio Dias Carvalho na produção do Drury's, então o mais conhecido uísque brasileiro. Numa conversa que parecia informal, Fasano perguntou a Amato e a Bildner, como quem não quer nada:

– Vocês fariam um uísque para mim?

– Um uísque? Vai entrar no ramo de bebidas?

– Se eu pensasse, vocês me mandariam algumas amostras?

Recebi as amostras, experimentei, pensei, perguntei, consultei, não só eu conhecia uísque como tinha amigos ao meu redor que eram experts. Decidi por um que, envelhecido por oito anos, teria certamente boa cor, aroma e sabor ótimos. O uísque é aquela bebida especial que não passa despercebida, cada um desce de uma maneira, há o aveludado, o cremoso, o doce, uma infinidade. Aquele de 'oito anos' me parecia o mais adequado ao paladar brasileiro. Eram anos e anos tomando uísque, vivendo na noite, provando.

Havia uma lacuna entre o uísque importado e o principal nacional, o Drury's, envelhecido quatro ou cinco anos. Consegui convencer Mario Amato a entrar na operação. Eu importaria da Escócia metade do malte, a outra metade era produção nacional, vinda do sul. Aquele malte de oito anos que eu tinha aprovado. Faria o blend aqui e a Drury's engarrafaria para mim. Eu não tinha linha de produção, de engarrafamento, nada, só um nome e uma marca. Nunca fui industrial. Demoramos até acertar preços e condições, eles se resguardando, eu me resguardando deles, é normal. Em 1966, fundei a Fabrizio Fasano Companhia Ltda, com sede no Bráz, e consegui lançar um produto de alta qualidade superior, envelhecido oito anos, mas precisava descobrir um processo para colocá-lo no mercado com rapidez.

"O nome? O mais óbvio? Envelhecido quantos anos? Oito. Portanto, Old Eight. Claro que teria de ter um nome inglês sonoro, fácil de dizer, de ser lembrado. Veio a etapa seguinte, essencial, a de colocar no mercado. Tudo pelo método empírico, pelo instinto e pelas dicas de amigos. Eu conhecia quase todo mundo que trabalhava com a noite e a gastronomia. Contratei vinte vendedores que saíram a campo com garrafas e copinhos de plástico, visitando as principais boates e bares. Durante dois anos, a operação funcionou dessa maneira, no corpo a corpo. Vendíamos vinte caixas por dia. Mas havia o resto do Brasil, eu não podia me limitar a São Paulo.

Logo passei a vender dez vezes mais uísque que a Drury's e me tornei o maior cliente dela, que cuidava da infraestrutura, comprava as garrafas, imprimia os rótulos. Eu pagava em dia, nunca atrasei. Amato só aceitou com a condição de que eu vendesse por um preço igual ao que custava o Drury's, não por menos. Não só concordei, mas inverti a aceitação, dobrei o meu preço. Se o Drury's custava 10, eu vendia por 20. E o que aconteceu? Fui pegando imagem, prestígio."

Poucos sabem como o Old Eight cresceu e dominou o mercado. Primeiro, o nome era curto, simpático, e o rótulo, atraente. A qualidade completou. Ninguém acredita quando a história vem à tona. Também Fabrizio estava naquele corpo a corpo. Seu filho mais velho, Fabrizio Júnior, lembra-se de que "via muito pouco o pai, sempre viajando, viajando, para todas as partes do país. Dando duro, mas feliz, hiperativo. Maleta na mão (claro, é uma força de expressão), meu pai enchia o carro de 'amostras' e saía pela noite, a distribuir seu uísque. Que muitos pronunciavam 'Óld Eight', abrindo a vogal inicial. Conversas e mais conversas com cada maître, gerente, garçom, conhecia a maioria. Muitos deles tinham trabalhado nos Fasanos ao longo dos anos, e tanto meu avô Ruggero quanto meu pai eram muito queridos, a relação entre patrões e empregados sempre foi especial nas casas. Lembremos que a certa altura, em meados da década de 1960, mais de mil tinham deixado as casas e se espalhado por São Paulo e pelo Brasil. Era (e é) comum o garçom indicar:

– Olha, saiu um vinho novo, um uísque novo, o senhor quer experimentar?

Cada qual, a sua maneira, se tornou um representante do novo uísque. Estavam sempre empurrando o Old Eight."

A partir de 1968, o Old Eight entrou forte no comércio, graças a uma estratégia particular que escoava as 200 mil caixas produzidas por ano. A campanha de vendas era verdadeira peregrinação. On the road. Não havia, para Fabrizio, discriminação. Rodava sem parar, do granfino Michel ao Oasis, ao Cave, ao Som de Cristal, a melhor gafieira da cidade, ao Avenida e ao Maravilhoso, taxi-dancings (casas noturnas que desapareceram, onde você tirava as mulheres para dançar e recebia um cartão que era picotado de tempos em tempos; ao final pagava pelos minutos dançados), assim como mais tarde entrava no Djalma, no Zum Zum e Stardust, frequentados pela sociedade paulistana. Assim como descia a Santos para frequentar os cabarés da região portuária, passava semanas no Rio de Janeiro, frequentando o Golden Room do Copa, o Bife de Ouro, o Beco das Garrafas, os bares da Lapa e do porto.

Mas penetrava também nos "inferninhos", palavra que não existe mais, desapareceu no final dos anos 1970. Eram casas noturnas em que havia um grupo de belas jovens sempre à disposição. Você entrava, sentava, pedia uma bebida e indicava com a cabeça a jovem de preferência, que vinha, bebia e ia fazer seu programa. A jovem e a cafetina empurravam o uísque "escocês", o mais caro. Mas a conversa, o preço, a maneira de Fabrizio convencer levaram muitos a trocar o falso scotch pelo Old Eight, eliminavam-se os perigos da fiscalização e as multas altas, quando não o fechamento da casa.

Os "inferninhos" eram centenas, do centro à periferia mais remota, e representavam um mercado para o comércio de bebidas. Alguns eram luxuosos, como o Holliday, que tinha as mulheres mais belas e caras da cidade. Foi um dos lugares preferidos de Tony Curtis, quando visitou São Paulo, e também de Sammy Davis Jr. Outros inferninhos famosos foram o Paris Bar, o Galo Vermelho, o Snobar, La Licorne, que reunia os homens de dinheiro, antecessor do Café Photo.

O nosso vendedor de porta em porta conheceu todos os hotéis cinco estrelas do Brasil, mas hospedou-se também em pousadas menos categorizadas, desde que ali houvesse um bar frequentado. Visitou cabarés de beira de estrada escondidos e clandestinos, ainda que recomendados por amigos. Foi da célebre Casa da Eni, em Bauru, um bordel sofisticado que ocupava uma quadra inteira e era o ponto de políticos e empresários do Brasil inteiro, até a Casa dos Espelhos da Monica em Porto Alegre, famosa pelos tetos que refletiam as camas.

Brasília, praticamente recém-nascida, era povoada por milhares de bares e boates repletos de gente com muito dinheiro. Lobistas, empresários, políticos, numa cidade sem divertimentos, faziam o quê? Bebiam. A capital do Brasil, em seus tempos pioneiros, consumia milhares de caixas do Old Eight. Reminiscências de um passado em que o romantismo se misturava ao erotismo, a sensualidade, ao proibido. Tempos de boleros, samba-canções, letras de Lupicínio Rodrigues, Herivelto Martins, Dalva de Oliveira.

Tranquilamente, Fabrizio entrava, vendia e partia. Divertia-se quando, muitas vezes, chegava à tarde em uma casa e via o frasco de um uísque vagabundo vindo do Paraguai aberto e um sujeito com uma seringa, transplantando a bebida para as garrafas escocesas, que seriam vendidas aos incautos à noite. Começava o boca a boca, por que não um bom uísque legítimo, com um bom custo benefício etc, etc. Às vezes, custava a tarde toda, mas ganhava-se um cliente. "Para se ter ideia de como era a coisa, muitas vezes eu chegava em uma boate, e das boas, e via o pessoal enchendo garrafas de água mineral na torneira da pia. Era um mercado maluco, informal, por um lado, sem fiscalização eficiente, pelo outro; quem garante que não compravam meu uísque para injetar nas garrafas de scotch. O que vi e soube mais tarde me ajudou."

"Portanto, não posso garantir que não se tenha bebido Old Eight com o rótulo estrangeiro", ironiza Fabrizio. "Durante um bom tempo, minha vida foi aeroporto, hotel, bar, restaurante, boates, cabarés. Um saltimbanco da bebida. Então, o uísque pegou no tranco e ganhou velocidade, ajudado por campanhas que cobriam o Brasil. O slogan foi uma das coisas mais felizes e criativas da época. Entre os bebedores e os vendedores de uísque circulava um chavão, quase um provérbio, naqueles tempos da implantação do Old Eight:

– Pode tomar esse que não vai dar nada amanhã.

Baseado nisso, cheguei um dia no Enio Mainardi, o publicitário, cuja agência fazia nossa campanha. Perguntei:

– O que você acha desta frase? O bom uísque se conhece no dia seguinte?

Ele me olhou:

– Pronto! Já temos o slogan, a definição, tudo. O bom uísque se conhece no dia seguinte.

A frase correu o Brasil, dita e repetida, entrou na linguagem coloquial, usava-se para tudo e para todos, para comida, perfume, mulher, roupa. Eu tinha feito um rabisco do rótulo, a agência terminou, deu o acabamento, ainda hoje é praticamente o mesmo, simples, direto. Mandei imprimir, entreguei ao Mario Amato."

As relações entre Fabrizio e Mario eram as de dois italianos típicos, fortes, cada um na sua, se pegando. Mario se orgulhava de ser sempre o primeiro a chegar à fábrica. Se Fabrizio chegasse antes, pronto, criava caso, o outro questionava:

– O que está fazendo aqui? Não tem nada que fazer aqui! A esta hora? Chegou antes do dono...

Fabrizio tinha de fingir humildade.

– Preciso de você, pensei que, chegando antes, não interrompia seu expediente.

– O que você quer? – já mais manso.

– Preciso de mil caixas de Old Eight para depois de amanhã.

– Mil caixas? Não dá. Nem pensar.

Fabrizio ficava por ali, de vez em quando cutucava, como é, Mario, e as mil caixas? O outro ia amansando, lá pelas dez e meia, ou quase onze, cedia.

– Está bem, te mando mil caixas para depois de amanhã. Mas isso não se faz. Não precisa chegar mais cedo do que eu... Ligue, nos acertamos.

"O que ele não sabia", diz Fabrizio, "é que eu tinha encurtado o prazo. Dizia depois de amanhã, mas tinha cinco dias pela frente. Meu uísque vendia sem parar, expedíamos centenas de caixas para todo o Brasil. Por um bom tempo, só deu Old Eight na noite, eu tinha conseguido ocupar o nicho do uísque de luxo nacional."

Poucos anos depois veio outro sucesso, o Bell's. Os jornais vinham repletos de anúncios de meia página ou página inteira, nos quais se via uma garrafa deitada e os títulos em letras garrafais (sem trocadilho, usando apenas uma velha gíria da imprensa):

IMPORTAMOS
O UíSQUE MAIS VENDIDO DA ESCÓCIA.
MAS DEIXAMOS A GARRAFA LÁ.
BELL'S,
O legítimo scotch whisky engarrafado no Brasil.

Em seguida, a empresa de Fabrizio passou a importar uísques como o Buchanan's, o Black and White e o JB. "Uísques são sazonais quanto a marca", diz Fabrizio. "Em determinado período foi o Old Parr (mais anos 1950), depois o Black and White, famoso como 'o dos cachorrinhos', o Ballantine's, o Teacher's, o Chivas Regal, o Cutty Sark, com seu veleiro, o Grant's. Hoje, reinam os Johnnie Walker Preto, Azul, Verde, Vermelho. No bar, basta pedir Red, que já se sabe. Há também os Glen: Glenlivet, Glenfiddich, Glendullan, Glen Moray e dezenas de outros. Naqueles anos pioneiros, o Old Eight entrou com uma força devastadora, trouxe muito dinheiro e mudou minha vida."

Fabrizio cresce, tem tudo nas mãos

Quando se conversa com os filhos, as lembranças mais antigas vêm do apartamento que Fabrizio e Daisy compraram com parte do que restou na liquidação do Jardim de Inverno, na rua Artur Ramos, travessa da Faria Lima, pouco antes que esta se tornasse a avenida que é hoje. São Paulo avançava para ultrapassar o rio Pinheiros. Fabrizio, Luis Carta e Domingo Alzugaray compraram apartamentos no mesmo prédio. O de Luis ficava acima do de Fabrizio, e foi ali que cresceram unidos Andrea e Patricia, filhos de Luis e Haydée, e Fabrizio Júnior, Rogério e Andrea, filhos de Daisy e Fabrizio. A criançada se comunicava por meio de batidas com cabo de vassoura no teto ou no piso dos apartamentos, imitando código Morse. Aliás, tinham criado um código particular. Como os pais, as crianças estudaram todas no Dante Alighieri. As matrículas eram automáticas para os filhos de italianos.

Grupos se formaram com filhos de outros amigos. Diogo e Vinicius, filhos do publicitário Enio Mainardi, Manoela e Giani, filhos de Mino Carta, irmão de Luis, o filho de Carlinhos Lazaro. A esta altura, Luis, separado de sua primeira mulher, Haydée, tinha uma casa de campo na Granja Viana. O lugar tinha um nome, Dois Irmãos, mas todos conheciam como "o sítio". O "sítio" foi muito curtido, principalmente nas tardes de domingo, depois que Luis Carta voltava a São Paulo e os jovens começavam a aparecer, uns dando carona aos outros. "Meu pai ia pouco, às vezes nos levava e voltava", diz Fabrizio Júnior, o que é confirmado por Patricia, filha de Luis, hoje editora da *Harper's Bazaar*, que sucedeu a *Vogue*. Aliás, eles odiavam quando os adultos apareciam. Invejado era o Andrea Carta, o mais bonito da turma, todas as meninas se amarravam nele.

Fabrizio e Daisy mudaram-se para a rua Alberto Silveira, no Morumbi, quase na cabeceira da ponte Cidade Jardim. Esta casa era adorada pelos filhos. Toda térrea, o gramado era continuação do piso interno. Foi construída uma piscina, uma churrasqueira, era o maior movimento o tempo inteiro, com festas, as turmas dos filhos agitando. As crianças foram crescendo e vivendo uma nova realidade à medida que Fabrizio comprou outra casa, na rua Gália, uma fazenda próxima a Laranjal Paulista e um apartamento no Guarujá, que vivia sua época áurea, reduto da sociedade paulistana.

Fabrizio e Daisy compraram terrenos no Guarujá, construíram apartamentos para vender, passaram a adquirir terrenos no Morumbi, chegando a ter nada menos de vinte e três, um deles com oito mil metros quadrados, num ponto então dos mais valorizados de São Paulo. O bairro se desenvolvia, destinado a ser um novo Jardim América ou Europa, mais sofisticado ainda. "Meu pai era um cara atirado, sabia viver, e foi tudo muito rápido, ele cresceu, mais do que isso, explodiu, teve tudo nas mãos naquele momento", afirma Rogério. Foi aberta uma concessionária de automóveis, a Itapoã Veículos, em um terreno que é hoje o Shopping Ibirapuera, em Moema, e Fabrizio entrou como sócio em um estaleiro, o Oceanic, em um galpão desativado das Indústrias Matarazzo. Rogério não tem como evitar o riso, pelo inusitado da situação: "O louco é que o estaleiro era em São Paulo e, pronto o primeiro barco, surgiu o impasse: como levá-lo ao mar? Foi criada uma complicada logística para atravessar a cidade e descer a serra. Mesmo assim, foram fabricados sete barcos. Hoje o estaleiro se chama Intermarine."

Os Fasano eram donos de vários andares em edifícios da Faria Lima, uma nova avenida, surgida da expansão da antiga e pacata rua Iguatemi, que havia sido duplicada e deveria se chamar Radial Oeste. Rapidamente o eixo da cidade mudou, mais uma vez, e a

Faria Lima (o nome Iguatemi foi alterado, por ter sido o prefeito Faria Lima que iniciou as reformas, mas morreu antes de concluí-las) tornou-se um ponto cobiçado na cidade para empreendimentos. A avenida passou a ser chamada "a segunda Paulista", e em alta velocidade tornou-se um ponto comercial e financeiro valorizadíssimo, estimulado pela presença do Shopping Iguatemi, o primeiro da cidade, inaugurado no local onde era uma chácara dos Matarazzo. O antes pacato Jardim Paulistano, com áreas bucólicas, muito verde e ar campestre, alterou-se completamente, tornando-se urbanizado.

Pulando do trem na fazenda

Da infância para a adolescência e a passagem para a juventude foram períodos marcados por quatro lembranças que ainda hoje despertam nostalgias na família. Campos do Jordão, a fazenda no interior de São Paulo, o apartamento no Guarujá e os barcos, que estavam ora em Angra dos Reis, ora no litoral paulista, como Ilhabela.

Antes da fazenda, que se tornou um ponto de referência para os fins de semana e férias, em julho a família se deslocava para o Grande Hotel de Campos do Jordão, um dos preferidos pela classe média alta paulista. Tinha sido hotel de luxo nos anos 1940, quando também era cassino, porém a proibição do jogo no governo Dutra, a partir de 1945, transformou apenas em estância termal.

Fabrizio Júnior adorava Campos do Jordão, porque uma das atrações do hotel era o aluguel de cavalos para passeios. O adolescente não saía da sela, parecia grudado ao cavalo, só descia para comer; era apaixonado, e é até hoje. A conta dos aluguéis acabava sendo grande, a tal ponto que o pai impôs limites: "De manhã e de tarde, não. Escolha um período." Mas o filho driblou a proibição paterna "trabalhando" junto aos tratadores, lavando baias, cuidando dos cavalos dos outros, porque muitos hóspedes tinham montarias próprias. Desta maneira, montava o tempo inteiro, sem gastar tanto.

A esta altura, Fabrizio Júnior começou a ter sérios problemas de coluna, com dores agudas, provocados pela sua altura, tamanho e peso e pelo constante cavalgar. Foi diminuindo os exercícios, submeteu-se a intensos exames médicos, mas as dores continuavam. Cinco especialistas em ortopedia foram tirando suas ilusões. O menino estava com tuberculose óssea. Desesperados e desorientados após cinco laudos, os pais acabaram conhecendo o doutor Fernando José de Nóbrega, hoje presidente da Academia Brasileira de Pediatria, que após minuciosos exames declarou: "Conheço esse menino desde pequeno. Rasgo meu diploma de médico se ele tiver tubérculose óssea". Fabrizio Júnior se recuperou. O doutror Nóbrega é médico da família até hoje.

Quando a São Roque foi comprada, tudo mudou. Era fazenda direto, principalmente para a geração jovem. A propriedade, no município de Laranjal Paulista, a 170 quilômetros de São Paulo, datava de 1848. A sede era uma bela construção colonial que ficava diante do terreiro e era servida por três açudes, aos quais Fabrizio Fasano acrescentou mais seis, quando comprou a propriedade no final dos anos 1960. Tinha planos, pensava em irrigação de lavoura.

O terreiro se tornava estacionamento em dias de agito. Na época da safra, era preciso deixar espaço para esparramar o café para a secagem. A intenção era ter um lugar que não fosse apenas refúgio para fim de semana e férias, como ainda fazer com que as terras voltassem a produzir algum produto, dar um retorno.

Rogério sorri ao lembrar que "a cada hora meu pai inventava uma coisa, inquieto, ativo, queria fazer. Punha café, tirava café, punha gado, tirava gado... Caramba! O que tinha de trator naquela fazenda, era uma coisa absurda". Significava que quando Fabrizio tinha um projeto, e sempre tinha algum, empenhava-se, punha tudo nele. "Sonhos, sou um colecionador de sonhos", repetia.

A estrada de ferro Sorocabana, que ligava São Paulo a Presidente Epitácio, às margens do rio Paraná, na divisa com o Mato Grosso, atravessava as fazendas e parava numa pequena estação de Maristela, povoado com uma única rua, subdistrito de Laranjal Paulista. Região servida por três rios de bom porte, o Tietê, o Sorocaba e o

Capivari, além de mais seis ribeirões e seis córregos. Laranjal, séculos atrás, tinha sido pouso de tropeiros.

A casa centenária sofreu reformas que não alteraram a arquitetura original. As portas eram altas, madeira pesada, fechadas com tramelas. A princípio, todos estranhavam uma abertura na parte inferior das portas, até que um capataz explicou. Apareciam ratos e havia gatos. As aberturas eram para as passagens dos ratos perseguidos pelos gatos, senão virava um inferno.

A São Roque era uma fazenda de 100 alqueires com quadra de tênis, piscina, campo de futebol, charrete, dezenas de cavalos. Cada um dos filhos tinha a sua turma, nunca iam menos de vinte jovens, envolvidos em todo tipo de brincadeiras. Andrea, a filha mais nova, define a infância e juventude como um de seus períodos mais felizes, alegres. Fabrizio Júnior confessa que a "fazenda era meu sonho". Os três irmãos confessam uma nostalgia em comum, a das viagens de trem. Eles conservam vivo um momento fascinante, o da chegada à fazenda e o "desembarque", uma sensação: "A gente pedia ao maquinista – todos se conheciam – para diminuir a velocidade assim que entrava na fazenda vizinha à nossa. De mochila nas costas, saltávamos do trem, eu, Andrea (filho do Luis Carta), Diogo Mainardi e Wisner, amigos do Dante Alighieri. Se era noite, levávamos lanterna e andávamos meia hora até chegar em casa. Um programaço, dos mais gostosos. Aventura. Chegávamos na sexta-feira, ficávamos até domingo, ou então eram todos os dias das férias, desligados do mundo, ordenhando vacas, andando à cavalo, recolhendo o gado, acordando cedo, praticando esportes".

A fazenda virava uma "república", com suas vinte camas: eram cinco camas em quatro quartos. Os pais só apareciam nos finais de semana. "Éramos livres, pegávamos um carro, dirigíamos a 160, sem repressão, sem nada, donos de nós mesmos. Tempo de liberdade, descobertas", acrescenta Rogério.

Fabrizio Júnior quase se deu mal numa dessas aventuras. "Apanhamos o jipe, Andrea e eu, e fomos a um retão, ver quem chegava a

120. A gente estava acostumado a dar cavalo de pau e voltar antes de atravessar o trilho do trem. Certo dia, no cavalo de pau, o jipe tombou, cada um saiu correndo para um lado, mas não aconteceu nada. Só que muita gente viu e veio ajudar. Imagine, numa cidade daquele tamanhozinho, fomos o assunto. Quando cheguei em casa, inventei uma história para meu pai, dizendo que uma galinha tinha atravessado, fui desviar, o jipe tombou, caiu no barranco. Só que, logo depois, papai foi à cidade e o assunto era o cavalo de pau e o jipe tombado. Cada um que chegava perguntava:

– Tudo bem? Seu filho, como está?

Contaram direitinho, papai virou uma fera. O problema não era ter capotado, era ter mentido. E ele, quando ficava bravo, ficava bravo para valer. Igual a mim, lato muito, não mordo. Vinha um castigo, logo esquecido, ou a ameaça: da próxima vez você vai ver o que te acontece... Ficava na ameaça."

No auge do sucesso com o Old Eight, em pleno verão, em qualquer tempo livre o rumo se desviava para o mar, o sol no barco *Gadaupa*. Foram três os *Gadaupas*, o I, II e III. "Não se muda nome de barco", alerta Fabrizio pai. *Gadaupa* teve origem no nome Guadalupe, com que Daisy queria batizar o primeiro barco, homenagem a Nossa Senhora de Guadalupe. O nome teria origem, segundo Daisy, na maneira como as crianças se referiam a Nossa Senhora de Guadalupe, padroeira do México e patrona das Américas. As crianças só diziam Gadaupa, que acabou sendo tambem o apelido que deram à mãe. A última *Gadaupa* encomendada e não terminada foi um barco sofisticado de 46 pés, todo revestido de jeans, que provocava a admiração ainda no estaleiro onde estava sendo construído. Mas havia um barco especial, pequeno, paixão de Fabrizio Júnior e Rogério, aquele em que eles esquiavam. "Estávamos com 13 para 14 anos e adorávamos aquele barquinho."

Às cinco da manhã, hora de mar calmo, na marina em Santos, Fabrizio ligava o barco e se dirigiam a Angra dos Reis ou para Ilhabela. Naquele início dos anos 1970, Angra, chamada Baía dos Reis Magos, com suas 365 ilhas, despontava como reduto vip com a recém-inaugurada marina, criada em 1966 por Sonia e Paulo Albuquerque, considerada a primeira do Brasil no gênero. Aos poucos juntavam-se barcos de amigos, como o do banqueiro Gastão Vidigal ou o de Aurinho Moura Andrade, filho do senador Auro Moura Andrade, que tinha sido presidente do Senado quando Jânio renunciou à presidência, em 1961. Aurinho veio a se casar com Veroca Fontoura, filha de Dirceu Fontoura, um dos filhos do criador do Biotônico, dono de grande fortuna e conhecido playboy e homem divertido, bem-humorado. Dirceu possuía um iate mítico, o *Atrevida*, veleiro de 105 pés, com 1.500 metros quadrados de velame e tripulação de dez homens, palco de memoráveis festas, prato cheio dos fofoqueiros e paparazzi de plantão, além de um avião mais conhecido como boate voadora. Pouco depois, Fabrizio passou a produzir uma cachaça a que deu o nome de Atrevida. Por pouco tempo. Dirceu dava festas de arrepiar e mantinha sempre um barco com tripulação salva-vidas pronto a pescar bêbados que caiam do iate no mar.

A certa altura, os barcos se juntavam e havia o das crianças e o dos adultos, sendo que os adultos se dividiam em homens e mulheres. "Os homens tomavam uísque a as mulheres, champanhe", lembra Andrea, "enquanto nós, crianças, vigiadas pelos salva-vidas, pulávamos no mar, nadávamos, livres, soltos." Não havia cozinheiros a bordo. Daisy, uma ótima cozinheira na opinião de todos, se encarregava do fogão, ajudada por marinheiros. Mas havia rodízio, a comida era ora em um barco, ora no outro. Modesta, Daisy diz que na verdade fazia ótimos risotos, aos quais a turma, brincando, dizia ser "arroz al dente".

As crianças, crescidas, divertiam-se pescando com tarrafa, ou mergulhando com o arpão na mão, buscando lagosta. Adoravam dormir no barco, enquanto os pais desciam à terra. Podia-se dormir em Ilhabela ou em Alcatrazes, um dos mais belos arquipélagos do Brasil, a cerca de 45 quilômetros de São Sebastião, litoral do estado de São Paulo, e hoje considerado reserva ambiental e regido por normas severas.

O ritmo da vida era documentado nas colunas sociais. Na *Folha de S. Paulo*, Tavares de Miranda, entre os jornalistas mais lidos do país, anotava:

No Iate Clube de Santos, Pierella e Silvano Dalle Molle saíam com Gioia e Renato Ferrari em seu iate Pierella IV, agora totalmente reformado.

Vitinho Simonsen deixava sua Ferrari amarelo ovo para singrar os mares a bordo do Ondini I.

Muito concorrido o barco La Gravina, de Ney Suplicy.

A bordo do Gadaupa III de Daisy e Fabrizio Fasano, o fotógrafo Lew Parrella, Enio Mainardi, Maria Teresa Dias de Souza, Octavio Botelho do Amaral... Enio ensinando Daisy a mergulhar como golfinho diante do Samambaia.

O campeão de velocidade José Carlos Pace atracando seu barco enquanto Oscar Americano Neto levava sua mana Beth e Guilherme Vidigal a bordo do seu Malu IV.

Meninos. Estas são algumas das pedidas para vocês passarem uma boa temporada no mar durante a Semana Santa, se forem amigos de alguns destes anfitriões.[6]

Lew Parrella era considerado o fotógrafo top da Editora Abril. Ítalo-americano, trabalhou nas revistas *Look* e *Life*, mas decidiu abandonar os Estados Unidos e mudar-se para o Brasil, onde fez escola, influenciou gerações, ensinou estilo, luz e arte. Enio era, na época, um dos *enfants gâtés* da propaganda brasileira, cheia de talentos, com os gênios disputando o pódio dos prêmios e os salários vultuosos de uma era dourada. José Carlos Pace, o Moco, foi dos ícones da Fórmula 1 brasileira nos anos 1970, tendo morrido prematuramente aos 32 anos num acidente de avião.

Fasano, o bem-sucedido empreendedor desse tempo, é sintetizado num trecho do perfil que Armando Serra Negra, jornalista especializado em gastronomia, fez dele para o *Jornal da Tarde* em 2002:

[6] Folha de São Paulo, 25 de março de 1975

"Fabrizio lembra-se, com nostalgia, de suas animadas noitadas, nos idos de 1970, quando a bordo de reluzentes limusines e dos mais velozes carros esportivos de seu querido amigo Xandinho Aliperti (há muito falecido), terminavam depois de muito glamour e champanhe, diante da tradicional sopa de cebolas, de madrugada, no Ceasa."

No mercado editorial, agora dono

O Old Eight vendia cerca de 700 mil a um milhão de caixas (de 12 garrafas cada) por ano. Liderava o mercado e despertava um certo mal--estar na concorrência. Alguns tentaram usar o mesmo tipo de propaganda que alavancou o produto de Fabrizio, o que o levou a publicar um grande anúncio em todos os jornais no dia 15 de outubro de 1971.

Royal Label versus Old Eight
Fabrizio Fasano, responsável pelo whisky Old Eight, tendo em vista os recursos publicitários empregados pela Royal Label para o lançamento do seu whisky, comunica à praça em geral que nenhuma vinculação de qualquer espécie existe entre uma e outra marca.
Lamentamos ainda que o fabricante do whisky em questão tivesse sido tentado valer-se de tal expediente que fere, em nossa opinião, a ética comercial e publicitária, pois essa campanha poderia levar nossos consumidores a pensar que estamos distribuindo mais uma marca de whisky. O que não é absolutamente verdade.
Em vista disso, e na defesa dos nossos direitos mais legítimos, estamos adotando as medidas judiciais cabíveis.
Fabrizio Fasano
Old Eight Extra Whisky

O seu negócio crescia, ele ganhou a representação da cerveja Carlsberg para São Paulo, vendia a vodca Smirnoff, o Old Eight e o Bell's, o Benson E Girvan, o Thorne's, o vinho Major Tannat, o Granpierre, o bourbon Maker's Mark e o licor Grand Marnier.

Com o Brasil ainda dentro de uma ditadura e o general Médici governando com mão de ferro, ganhamos o tricampeonato de futebol no México, a televisão em cores chegou ao país, a ciência criou o primeiro bebê de proveta, o *heavy metal* e a música punk dominaram o cenário, as primeiras discotecas abriram em São Paulo, uma estranha palavra entrou na ordem do dia, ecologia, o terrorismo anunciou ao mundo a sua vinda, os computadores, chamados cérebros eletrônicos, iniciavam a conquista do mundo e a filosofia do culto ao corpo entrou em cena com o *jogging*, o cooper, e o início da indústria de alimentação natural, saudável.

Os jornais, a cada dia, estampavam uma nota, reportagem, informação sobre Fabrizio. Num momento estava embarcando com a família para a Disneylândia da Flórida, no outro levando um grupo de jornalistas para a Inglaterra, para a Escócia, para a França ou Alemanha, para qualquer lugar do mundo. Ou enviando a Buenos Aires um grupo de *barmen* para um torneio de coquetelaria. O vencedor disputaria um Concurso Internacional nos Estados Unidos. Agia como um relações públicas de luxo, porque tinha conhecimento do mercado brasileiro, das necessidades, de como funcionava o sistema de bares, hotéis, boates, o que fosse.

Num determinado momento de 1971, Fabrizio foi surpreendido por um convite dos amigos Luis Carta e Domingo Alzugaray:

– Vamos abrir uma editora. Quer vir conosco?

– Uma editora? Vocês estão bem na Abril, no topo, montaram as engrenagens editorial e comercial.

– Mas a editora não é nossa.

– Vão aguentar a pressão da concorrência? Vai ser brava.

– O que tem hoje? A Bloch e a Globo no Rio e a Abril em São Paulo. Tem espaço para nós, tem nichos vazios, está na hora.

"Acabei entrando, gostava dos dois, acreditava no talento deles, eu estava com dinheiro, não custava. Ainda que não quisesse me envolver de novo em vendas de páginas, em projetos comerciais, estava bem de vida. Mas sou assim, um colecionador de sonhos." Deste modo nasceu, no dia 2 de fevereiro de 1972, a Editora Três. O nome foi fácil de decidir: havia a experiência de Luis para títulos, fossem de revistas, artigos ou reportagens.

A nova empresa passou a funcionar em poucas salas num prédio da avenida Brigadeiro Luís Antônio, 2.344, oitavo andar, quase esquina da avenida Paulista, em cima de um cinema de luxo, o Paulistano, aberto em 1969, na tendência que marcava a fuga do centro e a ocupação da região da Paulista. Situava-se ainda ao lado de uma gafieira tradicional, o Cartola Clube, e de uma padaria, onde em geral quem trabalhava na Três lanchava, incluindo Fabrizio e Luis Carta. Quase não havia móveis nas três salas nos primeiros meses; Luis e Domingo levaram mesas e cadeiras de casa. Nem havia cortinas, o sol entrava, e um telefone servia para todo mundo. O problema não era o aparelho, era conseguir linhas, numa época em que as comunicações engatinhavam, apesar de ser pleno século XX.

"Dois meses depois da fundação, a Três colocou nas bancas sua primeira publicação, o fascículo de gastronomia *Menu,* que estourou. Foi um período dominado pelos fascículos. Baratos, colecionáveis, práticos, bem produzidos. Ganhava-se com os fascículos, ganhava-se com as capas para encadernar ao fim de certo tempo. Houve uma reação das grandes editoras, que tentaram pressionar os jornaleiros na base do: "Ou nós ou eles!" Situação que provocou tensão. Os jornaleiros, por sua vez, não podiam se arriscar a perder vinte ou trinta revistas de porte por causa de uma única. Mas houve uma grande assembleia com o sindicato e os líderes dos distribuidores ponderaram que estavam diante de uma situação inusitada. Se não apoiassem nunca as editoras nascentes, seriam sempre reféns das grandes, que imporiam o jogo, as regras, os royalties a seu bel-prazer. Quanto mais o mercado abrisse, expandisse, melhor para todos. E a Três entrou nas bancas. Mas por um bom tempo vivemos em suspense, imagine, abrir uma editora e ter de fechá-la na mesma hora."

Os planos da Três eram ambiciosos. Seis meses depois, a editora anunciava o lançamento em português da *Planeta,* revista francesa de grande sucesso, a *Planéte*, criada por dois intelectuais de envergadura como Louis Pauwells e Jacques Bergier, um homem de direita e um combatente da Resistência francesa. Até o formato era diferente. Quase quadrada, 17,5 por 20 centímetros, era chamada revista de biblioteca, porque parava de pé na estante. Um clarão se abriu no mundo editorial. O primeiro número de *Planeta* vendeu 20 mil exemplares, o segundo 40 mil. No quarto número, a tiragem atingiu 120 mil e se estabilizou, era um grande êxito.

Publicação diferenciada, inédita no mercado, assombrou ao tratar de assuntos considerados tabus, como o poder do cérebro, as civilizações desaparecidas, a vida cotidiana no futuro, a fotografia pelo pensamento, o esoterismo, o universo paralelo, as religiões africanas, a sexualidade, a psicanálise, a existência das fadas e duendes, o poder dos raios, os casos malditos, ou seja histórias inexplicáveis num mundo racional. Neve no deserto do Saara, vacas que caíam do céu, pessoas que desaparecem misteriosamente, os extraterrestres, os discos voadores, a existência da alma etc.

"Acreditávamos na revista, mas nos surpreendemos com sua aceitação. Havia como que uma espera, quase uma ânsia por esse tipo de publicação.[7] Aqueles assuntos eram tabus, olhados com desconfiança, mas *Planeta* tratava deles com espírito científico e nenhum sensacionalismo", analisa Fabrizio.

E acrescenta: "O que impressiona, visto à distância, é que quando uma editora pensa em lançar um produto no mercado, faz uma ampla pesquisa, interroga o possível público leitor, enfim, há uma preparação. Na Três, não, todos confiavam no taco, no faro, tudo estava ainda por fazer."

Movidos pela experiência e pelo instinto, Luis, Domingo e Fabrizio cresceram tanto que, em agosto de 1972, os jornais noticiavam que a Três tinha em bancas nada menos de seis publicações, com uma tiragem total de 1,6 milhão de exemplares. Em curto espaço de tempo foram surgindo fascículos como *A Vida de Cristo,* imenso

---

[7] Conheci bem a revista *Planeta*, fui seu primeiro editor. Para isso, deixei a redação de *Claudia*, na Abril, passei um mês estagiando em Paris, e fui para a Três, levado pela aventura de fazer algo completamente novo, excitante. (N. do A.)

sucesso, revistas femininas como a *Mais*, masculinas como a *Status* e a *Lui*, infantis como a *Garibaldo*.

"*Status* foi a primeira revista masculina brasileira a enfrentar a rígida censura, colocando mulheres nuas em meio a textos da mais alta qualidade. A briga com a censura era luta contra peso pesado. Vetavam tudo. Havia regras estritas para exibir mulheres nuas, jamais um pelo púbico deveria ser mostrado, nem uma bunda, ou dois seios ao mesmo tempo. Quanto aos textos, eram implacáveis. Rubem Fonseca, com o conto *O Cobrador*, ganhou um concurso da revista *Status*, que vendia cerca de 150 mil exemplares. Como Rubem tinha tido um livro proibido (*Feliz Ano Novo*), seu conto também foi. Gilberto Mansur, editor da revista, mandou a secretária redatilografar o conto, mudou o título, colocou um pseudônimo e o conto voltou aprovado de Brasília.

Outra vez, muitos artigos e fotos de *Mais* haviam sido vetados, era preciso refazer tudo. Um dia, um sujeito ligado à editora, com trânsito em Brasília, nos avisou: 'Não mandem mais aquela jovem editora vir negociar com os censores. Ele é bonita e elegante, e a chefe do departamento, uma megera, funcionária pública frustrada, feia, a odeia, proíbe tudo.' A jovem era a Maria Ignez França, se bem me lembro. Este era o clima em que vivíamos. Pelas páginas de *Status* desfilaram de Julio Cortázar, dos maiores escritores argentinos, a brasileiros como Carlos Drummond de Andrade, Millôr Fernandes, Paulo Francis, Glauber Rocha, Jorge Amado, Rubem Braga, João Ubaldo Ribeiro, Rubem Fonseca, Otto Lara Resende."

Há vivacidade nos olhos de Fabrizio ao rememorar a ascenção da editora que se impôs ao mercado. "Lembro-me que ela avançou até o mais ousado emprendimento, a edição brasileira da *Vogue*, a revista que ditava a moda no mundo. Era um sonho do Luis e ele conseguiu contaminar a todos. Já tinha havido no Brasil várias tentativas de obter os direitos da revista, todos fracassados. No entanto, a Três contou com um trunfo na figura de Rudi Crespi, brasileiro do jet set internacional, que circulava com desenvoltura no eixo Paris-Londres-Roma, casado com uma das mais elegantes mulheres do mundo, Consuelo. Esta figurava sempre na capa da *Vogue* americana, ou pelo mundo ao lado de Jacqueline Kennedy, que aliás, naquela época, era Jackie O, por causa de Aristóteles Onassis, com quem tinha se casado em 1968.

Lembro-me que as agências, a principio, relutaram quanto a anunciar em *Vogue*, indagavam: qual o público dessa revista? Foi difícil convencê-los de que a *Vogue* era uma revista institucional, não de varejo. Sofisticação e luxo era a sua diferença. 'Luxo no Brasil?' exclamavam. Quem quer luxo vai buscar no exterior. Mas batemos na tecla, batemos, e algumas boas agências se abriram, outras seguiram. A *Vogue* teve boas páginas de publicidade no começo, depois chegou um momento em que se perguntava: você não anunciou na *Vogue*? E a revista conquistou seu nicho, tanto que está ai há 38 anos, 35 dos quais fiel à Carta Editorial."

Carta Editorial porque, em meados dos anos 1970, Luis Carta e Domingo decidiram se separar, cada um tomando seu rumo para segmentos diferentes. Domingo ficou com o nome da Três e Luis fundou a Carta Editorial, que, àquela altura, funcionava em dois andares da avenida Paulista, em frente ao Conjunto Nacional. Há uma leve interrogação sonhadora nos olhos de Fabrizio. "Das janelas da frente eu contemplava ainda os letreiros do Jardim de Inverno, que não queriam dizer mais nada, a não ser nostalgia, pensei, muitas vezes: o Fasano como restaurante, da maneira como fizeram meu pai e meu avô, voltará um dia?"

Fabrizio confessa que nunca ganhou dinheiro com a Três, ao contrário, muitas vezes colocou. "Mas era agradável viver tantas coisas, o meu mundo de bebidas finas mesclava-se com o mundo *Vogue* e os eventos eram muitas vezes feitos em conjunto. Divulgava minhas bebidas pelas páginas da revista, fazendo permuta de uísque e de vinhos para as festas de lançamento".

A Três, ainda nos anos 1970 até a separação, lançou títulos que mexeram com o público leitor como *Ciência e Vida*, *História*, os fascículos *A Bíblia* e *Bordado*, as coleções de livros: os romances policiais da série *Super Gênios do Crime*, *Homens que Mudaram a História*, *Clássicos da Literatura Brasileira*, *Biblioteca Planeta*, com obras esotéricas raríssimas, jamais traduzidas no Brasil, abrindo ao público o conhecimento da alquimia, por exemplo, e da arte da magia.

O homem que conhecia a noite

Fabrizio se via sempre homenageado. No dia 26 de junho de 1974, os jornais paulistanos amanheceram com um anúncio de página inteira:

> CONVIDAMOS
> TODOS OS AMIGOS DE FABRIZIO FASANO,
> ÁLVARO ASSUMPÇÃO,
> PAULO COTRIM
> E ABELARDO FIGUEIREDO
> PARA A FESTA DE INAUGURAÇÃO DE UM SENHOR BAR,

No dia 27 de junho de 1974, vamos inaugurar oficialmente o sofisticado refúgio desta cidade, o Senhor Bar. E vamos aguardar a presença dos amigos para homenagear estes três homens que, antes de Abelardo Figueiredo, acreditaram na noite paulista: Fabrizio Fasano, Álvaro Assumpção e Paulo Cotrim.

> Bela Cintra, 306
> O BECO

Abelardo, com sua casa de shows O Beco, fez história em São Paulo. Alvaro era o Meninão e Paulo Cotrim o primeiro colunista a criar uma coluna gastronômica em São Paulo.

Uma casa cinematográfica no Morumbi

Como se fosse um segundo piso de mil metros sobre o gramado, pufes e tapetes persas estendiam-se por onde circulavam os convidados, cobrindo todo o chão. Muitos sentavam-se, protegidos da leve umidade que o sereno provocava na grama. Alguns dançavam descalços ao ar livre, embalados pelo som potente de Josias, na época o top em matéria de instalações nas casas, bares, boates, discotecas. Josias era quem produzia o somzão. Foi em meados de 1974 que os jornais anunciaram que Daisy e Fabrizio tinham inaugurado uma "mansão cinematográfica" no Morumbi, na rua Gália. "Foi o auge financeiro de meu pai", assinala Fabrizio Júnior. "Quando meus pais decidiam dar uma festa, em dois dias estava produzida, impecável. Festas que hoje custariam entre 600 mil e um milhão."

Quando a casa foi comprada, um aterro gigantesco acrescentou cerca de mil metros quadrados ao terreno, totalizando três mil metros de área e mil metros de área construída. Gramados e jardins mudaram a paisagem. Havia uma equipe permanente de jardineiros para manutenção. A visão da cidade, do outro lado do rio Pinheiros, era deslumbrante, como se fosse uma tela panorâmica, uma vista aérea de enormes proporções. "Em geral, escolhíamos as noites de sexta-feira para dar festas e jantares, porque o Jockey se iluminava inteiro lá embaixo e a visão era feérica."

Por outro lado, corriam notícias dizendo que, muitas vezes, no meio da semana, quando havia um convidado ultravip (altos executivos de empresas estrangeiras de bebidas), Fabrizio tinha um acordo com o Jockey Club, que ficava aos pés da casa. Acendiam-se todas as luzes da pista e das arquibancadas. Algo como, em Paris, naqueles anos, Claude Ferrail costumava fazer para seus convidados ilustres no La Tour d'Argent: iluminava-se inteiramente a catedral de Notre Dame. Na rua Gália, rolavam festas para mil pessoas, jantares black-tie para duzentas, coquetéis para quatrocentas. Era quase irreal

Quando Daisy entrou pela primeira vez na casa, espantou-se:

– Parece um templo.

Pés-direitos altíssimos, abóbadas. Mas a casa ainda não estava terminada, levaram meses para se instalar. Os filhos ficaram meio ressabiados: "Lugar amplo, com cinco suítes, uma casa de muitos planos, escadas, rampas, pavimentos, ao contrário da casa da rua Alberto Silveira, que era de apenas um andar, facilitando corridas, brincadeiras. Para chegar à piscina havia uma escada em caracol", assegura Rogério Fasano. "Meus pais contrataram uma decoradora, que, levada pelas tendências dos anos 1970, colocou aço inox por toda parte. Hoje seria engraçado, talvez vintage. Mas a vista... a vista era espetacular, de tirar o fôlego." Já Andrea alegra-se ao recordar a atitude dos que chegavam: "Quando entravam para um jantar ou alguma festa, as pessoas não acreditavam que pudesse ter uma casa assim em São Paulo."

A criançada, entre doze e catorze anos, se acostumou e gostou, porque as festas acabaram dando o tom. "Havia sempre bandos de crianças, depois adolescentes e jovens dentro das casas em que moramos", conta Andrea com um brilho nos olhos. "Papai gostava de meus amigos, dos amigos de Fa (como Fabrizio Júnior é chamado em família) e do Rogério. Nisso, ele e mamãe se assemelhavam, no aglomerar pessoas em torno. Assim, fomos redescobrindo aquela casa, que era outro momento de nossas vidas, o auge dos sonhos de papai, que sempre se disse colecionador de sonhos."

A família nunca se esquece de uma noite em que Luis Carta usou a casa para o lançamento do novo carro Fiat, um modelo de luxo, numa festa promovida pela revista *Vogue*. Estava, na linguagem dos

Vittorio, Marieta e família: o início

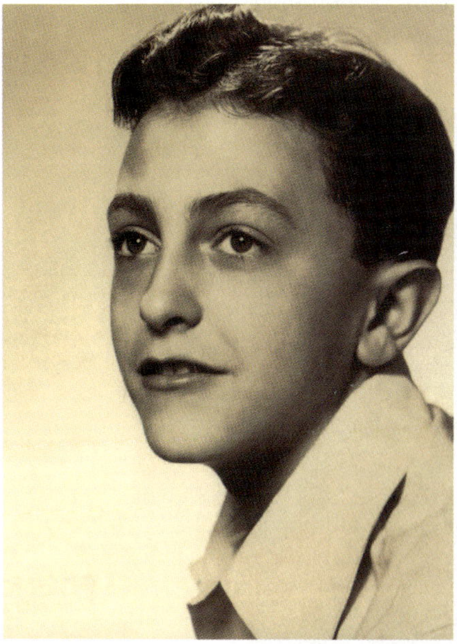

Os irmãos Fábio e Fabrizio, em 1937

Fabrizio Fasano

(Fabrizio escreveu seu número de telefone no verso desta foto e o entregou para Daisy no primeiro encontro)

Ruggero Fasano, aos 40 anos, trabalhava no Mercado Central

Fábio e Fabrizio: elegância juvenil

Ruggero Fasano, na época em que iniciou o Fasano na Vieira de Carvalho

Aos 21 anos, Fabrizio já vivia nos Estados Unidos. Na época, jovens se deixavam fotografar como galãs de cinema.

Daisy, aos 19 anos, com Fabrizio, Ruggero e Ida, no Jardim de Inverno Mara (antigo nome do Jardim de Inverno Fasano)

Fabrizio e Daisy, o casal 20 do baile de formatura, no Hotel Esplanada

Fabrizio na Universidade do Texas,
já apaixonado por carros

Ruggero, Ida e os netos Rogério,
Andrea e Fabrizio Júnior, em 1962

Juscelino Kubistchek e Ruggero,
no Fasano da Paulista

Joaquim da Costa, Ruggero, Freddy,
Ruby e Fabrizio

Donato Sassi e Ruggero

Ruggero e Ida: a elegância altiva da ex-modelo sempre permaneceu

Daisy Fasano, no casamento, em 1960. Não houve recepção; se convidassem todos, encheria um estádio.

Em pé, o sucesso americano Roy Hamilton, de "Unchained Melody"; à esquerda dele estão Fabrizio e o pai, Ruggero

A Vogue usava a casa dos Fasano para lançar produtos, como o Fiat de luxo. Na foto, Virginia Fontanelli Salles, Daisy e Ida.

Fabrizio na fazenda São Roque, na cidade de Maristela. Ele tentou investir no agronegócio, mas a "queda econômica" frustrou o sonho.

Daisy nos anos 1970, na época da dolce vita

Confeitaria Fasano, Barão de Itapetininga

Fasano da Barão de Itapetininga, ultrachique

Salão de Festas do Fasano da Paulista, para mil pessoas

Jardim de Inverno
na Brigadeiro Tobias

Fasano da praça Antonio Prado

Inauguração do Jardim de Inverno
da Paulista

Antigo Jardim de Inverno da Paulista

Terraço na Brigadeiro Tobias

Fasano da Barão de Itapetininga

Fasano da São Gabriel

Fachada do Fasano na avenida Paulista,
o império no seu auge

A logo Fasano, marca de prestígio

Praça Antonio Prado: aqui
o Fasano nasceu, e para cá voltou

As festas colossais da rua Gália: Flávio Cavalcanti, um habitué.
Ao centro: Luiz Paulo Izzo, Nancy Izzo e Paulo Bastos.
À direita, Fabrizio, Carlinhos Lazzaro e Luiz Paulo Izzo

As festas eram insuperáveis,
com mais de mil pessoas

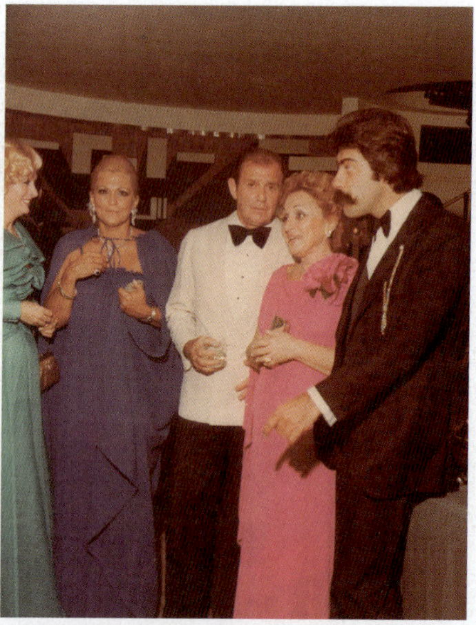

Hebe Camargo e seu marido,
Lélio Ravagnani,
com Carlos Armando Fiorino

Fabrizio e Luis Carta:
negócio e prazer

O bom uísque: Fabrizio e Mr. Bell's
na Escócia

Abelardo Figueiredo,
o homem dos grandes shows da noite,
e Salomão Schwartzman,
o homem da informação

Gelsomino e Francesco

Hélène Matarazzo, Sergio Mendes,
Daisy Fasano e Emerson Fittipaldi,
o brasileiro mais veloz do mundo

Álvaro Luiz Assumpção, o Meninão,
jornalista mais bem relacionado
de São Paulo

Márcia Kubitschek e Fernando Bujones,
o bailarino, na casa da rua Gália.
Ambos morreram muito cedo

Ronnie Von com a esposa, Luiz Paulo e Nancy Izzo

Andrea (Deca), Fabrizio, Sérgio Mendes, Daisy e amigos

Carlinhos Lazzaro, Emerson Fittipaldi, amigos, Virginia Fontanelli Salles e Andrea (Deca)

Fabrizio Fasano, Baby Pignatari e a esposa. Baby, industrial e milionário, frequentava muito pouco a sociedade, só ia à casa de quem gostava

Andreia Moroni, das mais belas e elegantes, sempre na listas dos colunistas sociais, era considerada uma das locomotivas da sociedade

Sentado, o designer e artista plástico revolucionário Wesley Duke Lee, e Vera Moura Andrade (Veroca)

Carlinhos Stefano, empresário, com a esposa e Fabrizio

A informação passava por eles: Meninão e Walter Bouzan, repórter da Manchete, marido da colunista Alik Kostakis

Alex Periscinoto, papa da propaganda,
e Paulo Bastos

Walter Loschiavo
e Fabrizio Júnior

Carlos Lazzaro, Arnaldo Diniz,
Fabrizio Fasano e Enio Marinardi,
que fez campanhas para o Old Eight

Luxo só: Sérgio Mendes dando uma canja na rua Gália

Fabrizio Fasano, anos 2000

Presidente da Stock e Fabrizio:
o mundo das bebidas

Andrea, Rogério, Fabrizio Júnior e Fabrizio: uma dinastia

Fabrizio na Enoteca Fasano,
na altura de 2010

Daisy e Fabrizio Júnior, o Fá

Fabrizio e Andrea

Os irmãos: Fabrizio Júnior, Andrea e Rogério

Rogério, Andrea e Fabrizio

colunistas, *le tout São Paulo*. Quanto os convidados entravam, davam com o carro no meio da sala e se espantavam. O espaço era maior do que o de qualquer concessionária.

Daisy, na manhã seguinte à festa da *Vogue*, acordou tarde com alguém testando o som na sala: "Não acredito. O que está acontecendo? Fui ver, eram meus filhos preparando outra festa, para aproveitar o cenário, a cobertura do jardim, o som instalado. Eles passaram o dia se revezando ao telefone e à noite a casa se encheu de 'brotos', na gíria, adolescentes ruidosos. Só que, pena, choveu, e a turma festejou dentro."

Fabrizio Júnior descobriu a manha. "Era só saber que haveria uma festa da *Vogue* na quinta ou na sexta-feira, e eu começava a montar a continuação, no dia seguinte, com os jovens, porque sobrava coisa demais. Vinham uns duzentos. Mudava um pouco a bebida, a balada era na base do cuba libre."

Com um ar sonhador, Fabrizio pai recorda: "As festas deram o tom à casa. Sentávamos, Meninão e eu e programávamos algo monumental para promover uma bebida minha, ou para servir à *Vogue*, ou simplesmente para nos divertirmos. Meninão seria aquilo que hoje se chama *promoter*, ia atrás de tudo, produzia, selecionava convidados, sabia quem se dava com quem, aqueles que agitavam, os excêntricos, os bem vestidos. Eu perguntava:

– Quantas pessoas vamos convidar?

– Setecentas.

E eu acrescentava:

– Tudo bem, convido cinquenta, você traz o resto.

Não havia ninguém mais bem relacionado que ele, que vinha de família tradicional, os Assumpção (hoje é nome de uma curta rua no bairro de Campo Belo). E olhem que eu conhecia gente, depois de tantos anos vivendo nos restaurantes de papai, circulando pela noite e em sociedade, negociando com bancos, viajando. Quantas e quantas vezes fiquei à porta recebendo e não conhecia 70 por cento dos que me apertavam a mão? Fazia parte. Ali estavam empresários, produtores, artistas, publicitários, banqueiros, penetras, donos de boates, bares, restaurantes, lojas, cantores, diretores de cinema e televisão, mulheres bonitas, lindas, chiques, empetecadas de joias.

Ali estiveram Baby Pignatari (que raramente ia a festas dos outros), levado pela Alik Kostakis, Rudi Crespi, o conde, Sérgio Mendes, que veio para a inauguração do meu Kentucky Fried Chicken, Emerson Fittipaldi, Tavares de Miranda, Danuza Leão. Como me lembrar todos ou da maioria? Lá se foram quarenta anos! Quem contava estava ali, de formadores de opinião aos que comandavam o mundo financeiro e artístico. Para não dizer dos cantores ou cantoras que eu conhecia da noite e que iam dar canja pela amizade. Eram centenas de pessoas, mas paradoxalmente acabava sendo íntimo, amigável. Havia outro fato importante. Muitos daqueles poderiam vir a ser meus clientes.

Foram festas faraônicas. Depois daquelas, nunca mais se fez festa daquele tamanho em São Paulo. Promovíamos jantares com setecentas pessoas sentadas fora, as mesas sobre o gramado, debaixo de tendas e coberturas que faziam um lindo design no terreno e podiam ser vistas lá de baixo, iluminadas. Tempos que não voltaram neste Brasil, não havia a violência de hoje. Agora, quando há uma festa, as pessoas vão para serem fotografadas, não para se divertir, beber, comer, dançar, se relacionar, paquerar. Muitos, quando convidados, querem saber se irá alguma celebridade; se não for, declinam o convite. Aqueles foram tempos de prazer. Não era preciso chegar em carros blindados, acompanhados de segurança."

Daisy era sócia das academias de dança mantidas por Marika Gidalli, criadora do balé Stagium, o mais avançado de São Paulo, e um de seus orgulhos foi ter hospedado Fernando Bujones na sua casa. "Bujones, cubano naturalizado americano, principal bailarino do American Ballet Theatre, era chamado 'a lenda viva da dança'. O primeiro americano a dançar na Ópera de Paris e também no Kremlin, em Moscou. O jantar que demos a ele foi memorável, eu emocionada, porque balé sempre foi uma de minhas paixões. Ele era casado com Marcia Kubitscheck, filha do ex-presidente JK. Ambos morreram muito cedo, ele aos 50 anos, ela aos 57."

Andrea entrava na adolescência, mas confessa que "tentava não dormir, ficava olhando, cheia de alegria, aquele movimento, a música, o agito. Aos 13 anos, eu, que fazia balé, ficava deslumbrada com a presença em casa de Mikhail Baryshnikov, um superstar. Fui, na época, apaixonada pelo professor dele, Alexander Minz. Nunca vi tantas festas como as que meus pais fizeram naqueles anos. Fomos felizes naquela casa".

O Old Eight vai para uma multinacional

Fabrizio, hoje, é incisivo:

– Não havia como recusar. Era dinheiro vivo. Cash.

– Tanto assim?

– Cinco milhões de dólares num cheque só.

Atualmente seriam cerca de 26 milhões de dólares. Na conjuntura atual não parece tanto dinheiro, ainda que seja muito. Hoje as cifras atingem os bilhões. Porém, Rogério comenta: "Na época, para nós, era um caminhão de dinheiro, vejam o quanto meu pai fez com ele. Só para ter ideia, fechada a venda, ele comemorou com amigos em Nova York, alugando dez suítes no Hotel Pierre." Assim, o uísque Old Eight foi vendido para a multinacional americana Heublein, que começou nos Estados Unidos em 1862 como um hotel e restaurante, e evoluiu fabricando molhos para churrasco e coquetéis engarrafados. Em 1938 comprou da Rússia os direitos para a produção da vodca Smirnoff, chamado uísque branco, que se tornou muito popular na América. No Brasil, atualmente os produtos da Heublein passaram para a Diageo.

Daisy diz que naquele dia o marido chegou em casa preocupado com tanto dinheiro, quase assustado.

– E agora? Se eu não investir bem, se não colocar esse dinheiro, vou começar a perdê-lo a cada dia.

Os anos 1970 foram os do "milagre brasileiro", até que a realidade veio à tona. Era um cenário falso, mantido pela ditadura. Está nos livros de economia que retrataram a época. Em 1973 houve a crise do petróleo, provocada pelos países árabes, que afetou o mundo todo, veio a alta do custo de vida, a diminuição de investimentos e a inflação, com a qual os brasileiros passaram a conviver nos vinte anos seguintes. Os economistas costumavam dizer: "A economia vai bem, mas o povo vai mal." O dinheiro aplicado, investido ou no banco, desvalorizava-se a cada hora, daí a preocupação de Fabrizio, que, ao mesmo tempo, garantia: "Nunca me preocupei com dinheiro", afirmação que faz até hoje, segundo a filha Andrea e a mulher Daisy.

Acabara de passar para a frente um produto que vendia entre 700 mil a um milhão de caixas por ano e assinou um contrato pelo qual, por dois anos, não poderia entrar no ramo de bebidas." Tornei-me um executivo da Heublein", confessa ele, com um sorriso maroto. Aqueles anos estão registrados no noticiário dos jornais. A todo instante, uma nota. Em um momento, era flagrado por Tavares de Miranda:

Em sua suíte no Bristol de Londres, Daisy e Fabrizio Fasano recebendo para um categórico "coq" os amigos que haviam convidado para a Inglaterra em compasso do whisky Black and White e do Buchanan's. James Aykrold, que já cruzou diversas vezes o Atlântico para observar in loco o mercado brasileiro, naquele mesmo dia foi o anfitrião para um almoço nos escritórios da Buchanan's, quando, em sua oração de saudação, falou da incrementação dada por Fabrizio Fasano a essas linhas de whisky que de 3% por ano passaram para 25% no mercado total brasileiro. Além dos jornalistas paulistas e dos "bigs" das boates Hipoppotamus e da carioca Privé, que são Ricardo Amaral e Disney Reis, também formaram o grupo Sonia e Carlos Lazaro e Nancy e Luiz Paulo Izzo.[8]

[8] Tavares de Miranda, *Folha de S.Paulo*, 2 de maio de 1975.

Outra vez, o mesmo jornalista informava que no Connaught, um dos hotéis mais estrelados de Londres, Jennifer e James Aykrold receberam Daisy e Fabrizio Fasano para um jantar absolutamente *al dilá*. Também diziam presentes Liz e Neil Banford, Phillip Lewis, Cathy Medlicot, Malcolm Kimmins, John Livingstone-Learmout, primeiro universitário inglês a estudar português em Eton, todos da "família Buchanan's", que propulsiona em ritmo acelerado suas exportações para o Brasil.

Fabrizio era chamado para encontros de empresários como José Ermírio de Moraes Filho, Leo Cochrane, Ermelino Matarazzo, Mario Amato, Luis Carlos Levy, que iam discutir a política econômica do país com o ministro da fazenda Mário Henrique Simonsen. Ou estava empenhado na criação da Associação Brasileira dos Importadores de Bebidas, formada para defender e orientar os associados em relação a problemas jurídicos, ou quanto a questões ligadas à Receita Federal e à Alfândega. Além, salientavam, de combater as falsificações e os produtos colocados ilegalmente no mercado. O primeiro presidente, em novembro de 1974, foi Rubens Capural, sendo Fabrizio eleito para o conselho administrativo.

"Na Heublein fiquei cerca de dois anos. Era um executivo, vamos dizer, sem pasta. Normal quando uma empresa se funde a outra. Foi um tempo simpático e igualmente difícil", avalia Fabrizio sobre o pós-venda de seu uísque. "A verdade é que os executivos estrangeiros que chegavam conheciam o negócio da bebida, mas nos Estados Unidos e na Europa. O Brasil era uma incógnita para eles, território virgem, desconhecido, cheio de manhas. Claro, foram tempos da implantação profissional e em larga escala do uísque e outras bebidas em nosso país, nossas manhas de mercado. Nosso modo de trabalhar, se comunicar, agir, nossos costumes, tudo era diferente. A experiência era só minha, e eu perdia mais tempo explicando, solucionando as coisas mais simples, que para eles eram charadas, abrindo as portas, convencendo diretores que vinham de fora, do que trabalhando. Como se fosse um terapeuta. Cada coisa que eu pedia, sugeria, procurava mudar, levava de três a quatro meses para ser posta em prática, até entenderem realmente o que precisava ser feito. Hoje, eles são donos do mercado, sabem tudo, mas pensem que se passaram 40 anos. Aquilo foi me cansando. E saí. Como se diz popularmente, peguei meu chapéu e me fui." A esta altura, com 40 anos, Fabrizio era um pioneiro no setor. Aposentado? Nunca. Ele que não parava, era hiperativo.

O tsunami branco e a derrocada

"Eu estava bem, viajava, enviava grupos de amigos, jornalistas, publicitários e empresários para Europa e Estados Unidos, comandava delegações que iam ao Texas, à Flórida e à Inglaterra para discutir problemas de expansão do mercado de bebidas no Brasil e no mundo, e várias vezes participei de megaconvenções sobre supermercados e negócios em regime global. Tinha uma sala confortável no prédio da Heublein na avenida Morumbi, onde hoje funciona a universidade FMU, antiga FIAM. Minha relação com o dinheiro sempre foi sem neuras, ele vem, ele vai", revela Fabrizio Fasano, exatamente 40 anos depois de ter vendido o Old Eight, que incluiu o nome dele na antologia dos negócios pioneiros e bem-sucedidos do Brasil

"Dois anos naquela vida de executivo sem pasta e alguma coisa começou a mexer comigo, a dar coceira. Uma insatisfação, necessidade de agitar, não ser homem de gabinete, solucionando problemas triviais, quebrando galhos rotineiros. Sentia-me parado, não avançava. Como se patinasse. Estava arrependido de ter vendido o Old Eight. No entanto, fazer o quê? O jeito era ir em frente. Tinha que me movimentar. O que eu conhecia? Uísque. Do que gostava? De uísque. Aquilo me provocava uma coceira."

A "carência" dele em relação à Heublein, a de manter-se distanciado de um negócio que pudesse ser concorrente, tinha terminado e uma ideia começou a rondar sua cabeça. "Repetir tudo?", pensava. Desistia, só que dali a pouco estava imaginando que era hora de criar um novo uísque, a experiência com o Old Eight tinha sido gratificante e rica. Cada dia mais alimentava a ideia de produzir um uísque que fosse genuinamente brasileiro. Mais ou menos nesse período, Fabrizio Júnior conta que, de um momento para o outro, passou a ver "na porta de sua casa carrões de onde desciam homens vestidos sobriamente, que entravam e saíam, constantemente. Eram empresários, donos de bares, boates, discotecas, restaurantes, supermercados, distribuidores, transportadores. Ficava intrigado. O que faziam, o que queriam?"

Em uma de suas viagens a Bento Gonçalves, Rio Grande do Sul, onde tinha muitos amigos, Fabrizio dialogava com enólogos, circulava de uma vinícola para outra. Então, foi apresentado a um produtor que afirmou ter obtido um excelente malte. "O nome dele nunca me saiu da cabeça, está gravado a fogo, ainda dói. Um filho de uma puta. Não digo o nome, porque até hoje, apesar de terem me alertado, não tive certeza se fui traído, enganado de propósito, se foi um erro de um químico, um técnico mal-intencionado, um acidente, uma sabotagem. Todas essas coisas vêm à cabeça quando você enfrenta uma situação como essa. A verdade é que realmente o malte que ele tinha era bom, me agradou, achei que poderia produzir bom blend brasileiro. Estava ali o que precisava para desenvolver a minha bebida, mesmo sabendo que lutaria contra o preconceito que rezava: *Uísque? Só o escocês.*"

Os dois filhos homens estavam morando no exterior. Fabrizio Júnior, também chamado de Fabrizinho, apesar do tamanho, um gigante, tinha ido para os Estados Unidos fazer a *high school*, depois tentaria a medicina. "Meu pai me levou ao aeroporto de Mercedes Benz, estávamos com tudo." Quanto a Rogério, vivia na Inglaterra, queria estudar cinema e inglês. Ele conseguiu entrar no curso de cinema na segunda tentativa. "Estava com 19 anos, e como todo jovem, sentia-me meio perdido no mundo, adorava cinema, queria fazer filmes, entrar de cabeça. Gostava muito de Londres, fiquei um ano e meio lá, viajei por França e Alemanha. E as coisas acontecendo por aqui, éramos poupados, meu irmão e eu, dos problemas." O cinema foi uma das paixões da juventude nesse período, apesar da censura extrema exercida pela ditadura militar. Foi uma década de filmes marcantes no estrangeiro, de *Laranja Mecânica*, de Kubrick, a *Taxi Driver*, de Scorcese, de *Um Estranho no Ninho*, de Milos Forman, a *Cabaré*, de Bob Fosse, de *O Último Tango em Paris*, de Bertolucci, a *Apocalipse Now*, de Copolla. No Brasil, desenvolveu-se um cinema autoral, chamado de underground, ou "udigrudi", no linguajar coloquial, do qual resultaram obras-mestras como *O Bandido da Luz Vermelha*, de Rogério Sganzerla.

A esta altura, boa parte do dinheiro da venda do Old Eight tinha sido consumida em propriedades, viagens, estaleiros, terrenos, concessionárias de automóveis e uma vida confortável e divertida. "Muitas vezes, meu pai se aventurava em coisas que não eram do DNA dele", diz Rogério. "Só que ele era assim, fazer o quê?" Generoso, Fabrizio pai sempre foi. Usou parte do que restava e, mesmo alertado, para a situação econômica e os juros, buscou financiamento em bancos, principalmente no Bradesco, para montar uma estrutura complexa, mas na qual apostava. Não podia dar errado, tal a certeza de que faria o mesmo sucesso que tinha tido com o Old Eight.

Bastaria fazer saber que era um produto de Fabrizio Fasano. Seu nome desfrutava de excelente imagem. O nome da bebida? Só poderia ser Brazilian Blend. A produção foi iniciada, a propaganda estruturada. A campanha de marketing atingiu o Brasil inteiro. Jornais, revistas, rádio, outdoors e televisão foram invadidos em escala nunca vista. Acentuemos que a publicidade brasileira havia dado um salto na década de 1970, com mudanças radicais, como a libertação dos padrões americanos (antes, muita coisa era simplesmente traduzida e adaptada) e o surgimento de uma geração impaciente, irreverente, audaciosa, além do aparecimento do Clube de Criação de São Paulo, essencial, com seus anuários e novas teorias, destinado a criar normas, a regulamentar a profissão, a construir valores, a defender a profissão e ordenar a distribuição de prêmios anuais. Mesmo em plena ditadura, a propaganda brasileira avançou, se modernizou, criticou e alavancou indústria e comércio.

Os publicitários eram estrelas de uma nova época, semideuses com salários fabulosos, roupas descoladas e ideias fascinantes. Tempo áureo na propaganda brasileira. Com uma equipe de marketing na retaguarda, Fabrizio montou a operação Brazilian Blend.

Patrocinando Copa do Mundo na tevê

A distribuição do uísque começou. Carretas lotadas direcionavam-se para o interior do estado, desciam ao sul, rumavam ao norte, chegavam ao Amazonas, Pará, Maranhão. No norte e nordeste, Fabrizio contava com a amizade, quase sociedade, de Paes Mendonça, megaempreendendor com sua poderosa rede de supermercados, que já tinha sido um grande distribuidor do Old Eight. Não se poupou dinheiro, a tal ponto que o Brazilian Blend foi um dos patrocinadores da Copa do Mundo de 1978 na televisão. "Você podia estar ligado na Globo e entrava o comercial do uísque; se quisesse mudar para a Record, para a Bandeirantes, Tupi, para qualquer emissora e suas associadas e repetidoras, o que via? O Brazilian Blend. Porque tínhamos comprado todos os horários pagando um alto adicional, para que nos mesmos intervalos o que se visse? O nosso uísque", diz Fabrizio Júnior com orgulho. Uma pequena fortuna foi gasta em produção, comercialização e lançamento. Agora era sentar, esperar o dinheiro voltar, continuar produzindo para repor estoque. Fabrizio diz que 200 mil caixas estavam colocadas e outras 100 mil nos depósitos em São Paulo.

Tudo calmo, até que meses depois nuvens pesadas, cinzentas, logo se tornaram negras. Foi um ventinho que se transformou em ventania e virou tsunami, abalou tudo, deixando Fabrizio assombrado. Ele perdeu o pé, sem entender. Começaram a chegar reclamações, protestos, queixas, até insultos por telefone, telegramas, cartas, pessoalmente. Um atrás do outro, sem parar.

– Que brincadeira foi essa, Fabrizio?

– Brincadeira?

– O que significa isso? Uísque branco?

– Que uísque branco?

– O seu. Está embranquecendo.

– Como embranquecendo?

– Eu é que sei??? Você é que tem de explicar.

– Espere, espere, conte tudo. Está a maior confusão.

– Um milagre, uma brincadeira, uma safadeza? O seu uísque perde a cor. Aquele caramelo lindo some, desaparece, vira água.

– Água...?

– Parece água, pode ser vodca, gim, qualquer coisa.

Fora de si, sem compreender nada, Fabrizio agiu imediatamente, começou a fazer ligações, mandou buscar litros e litros do Brazilian Blend, tão novo, há poucos meses no mercado. Centenas de garrafas começaram a chegar, vindas dos mais diferentes pontos do Brasil. Bebida branca, alva. No desespero ele convidou amigos, contratou especialistas para analisar. Ninguém atinava com o problema. Então, Fabrizio convocou o homem do malte, o que cuidara de tudo. Ele pareceu surpreso, assustou-se, confessou:

– Você não poderia esperar anos para envelhecer o uísque. Usei um recurso, água oxigenada. Sempre funcionou. É legal...

– Legal ou não, por que não me avisou? Teríamos esperado mais tempo.

– Esperado? Acha que não sei os custos, não sei os juros que se paga por mês, não conheço a inflação a 80 por cento? Você quebraria...

– E não vou quebrar? Água oxigenada...?

Conhecedores acentuam que o blender devia saber o efeito da água oxigenada, que nem era legal nem ilegal. Pode, sem avisar Fabrizio, ter tentado uma experiência que funcionou em alguns lotes. A água oxigenada, dependendo da proporção, provoca uma reação, anulando a cor do uísque, no qual, em geral, para ficar uniforme, é adicionado um caramelo de milho, neutro. No caso do Brazilian Blend, passado um certo tempo, num grande lote, a cor do uísque desapareceu. Não somente a cor, o gosto fora alterado também. O uísque era um chá amargo, intragável. “Destruíram meu uísque”, desabafou Fabrizio. O Brazilian Blend tinha nascido morto. Em três meses, tudo o que havia em estoque era uma substância incolor, impossível de ser bebida.

Abismado, desorientado, Fabrizio viu a onda contra o "uísque branco" se avolumar como um furacão. Em sua cabeça rondava uma grande dúvida. Aquele blender tinha errado na fórmula ou agido de má-fé? Ele repetiu inúmeras vezes, justificando-se, dizendo que era um problema econômico, ele tinha pensado em ajudá-lo. Por outro lado, não foram duas nem três pessoas, mas dezenas que afirmaram de pés juntos que o Brazilian Blend tinha sofrido um ato de sabotagem. Por conta de quem? Dos concorrentes? Como saber? A quem acusar?

"Não havia tempo para investigar mistérios, era preciso trabalhar", afirma Fabrizio. "Remodelar tudo, mudar o fornecedor, produzir uísque sem água oxigenada. Mas a esta altura, quem queria comprar bebida de mim? A onda tinha sido forte, o mercado é impiedoso."

Por outro lado, o comércio exigiu o reembolso. Iniciou-se o complexo processo de repatriação das milhares de caixas do Brazilian Blend. Trazer do Amazonas, Pará, Maranhão, Brasília, Paraná, Rio Grande do Sul, de todos as partes, de capitais a vilas do interior, pagando os fretes, compensando prejuízos. Muitas e muitas vezes, Fabrizio simplesmente dizia: "Joguem tudo fora". Era mais barato.

Com o correr do tempo, nos bancos, os prazos expiravam, vinham as cobranças. Foram meses e meses em que o caixa se esvaziou, os prazos apertaram, dívidas foram renegociadas, estendidas. "O problema de papai", afirmam tanto Fabrizio Júnior e Andrea, "foi que ele, em lugar de parar com tudo, tentou salvar seu uísque, mudar de fornecedor do malte, afundando-se mais. Era um pouco o orgulho italiano, a integridade do empresário, a luta para manter-se de pé. A pressão chegou ao insuportável. Era triste vê-lo ridicularizado nas páginas dos jornais, criticado no mercado, alvo de zombarias, chacotas". Fabrizio, apelidado de "uísque branco", chegou ao fundo do poço.

A pressão continuava. As descidas são rápidas, o que é plano torna-se ladeira escorregadia, e os que estão em volta, com raras exceções, não estendem as mãos. Os credores apertando, o dinheiro em caixa evaporou.

Concordata, o dia mais feliz

No dia 5 de maio de 1979, Fabrizio Júnior recebeu nos Estados Unidos um telefonema do pai. Ele achou que fosse para cumprimentá-lo pelo aniversário. Fabrizio começou:

– Hoje, meu filho, é o dia mais feliz de minha vida...

– Que bom, pai. Pelo meu aniversário?

Fabrizio pareceu não tê-lo ouvido, continuou:

– Hoje é também o dia mais triste de minha vida, meu filho.

– Por que, pai?

– Daqui a pouco estarei assinando minha concordata.

– Significa o quê? Vai ter algum dinheiro?

Fabrizio riu ao telefone, explicou ao filho:

– Terminou, terminou tudo. Agora vou procurar me reabilitar, me levantar.

Pouco depois, Daisy foi para os Estados Unidos para pedir ao filho que voltasse para ajudar o pai. Fabrizinho, com 18 anos na época, estava com tudo engatilhado, tinha uma proposta para ficar, ia jogar futebol americano, ia ter faculdade e dormitório de graça e ainda ganharia 300 dólares por mês. Mas regressou ao Brasil com a ideia de mais tarde voltar aos Estados Unidos e fazer medicina. O pai o advertiu assim que entrou em casa:

– Está bem, fico feliz que voltou, vai me ajudar. Só não vou permitir que não estude.

– Não se preocupe, vou estudar...

Na época, o escritório de Fabrizio era no bairro do Pacaembu, muito próximo à FAAP. O jovem foi até lá, acabou se inscrevendo em um novo curso, o de economia. Era um momento em que economistas estavam em alta, procurados por empresas ou pela mídia como consultores e colunistas. Formado, fez um curso na Bolsa de Valores de Nova York e completou com um MBA em administração. Por essa época, também, Rogério regressou e acompanhou parte da trajetória do pai buscando sair da concordata. Uma vida inteiramente nova se iniciava.

Chegou a hora de vender os bens. A fazenda se foi, depois os terrenos, um a um, conforme a necessidade de caixa. Daisy resistiu à venda do terreno de oito mil metros quadrados do Morumbi, uma preciosidade, não houve jeito. Um a um os apartamentos e escritórios foram liquidados, e também a casa do Guarujá, os automóveis. No entanto, as vendas foram insuficientes, a dívida era enorme, o empreendimento vultuoso.

Na Europa, Rogério conta que "começaram a chegar notícias de que aqui as coisas não estavam indo bem. Mas eu jamais poderia imaginar que não ir bem significasse perder tudo. Perdemos casa, fazenda, barcos, tudo, tudo".

A família mudou-se para uma casa menor na rua Dráusio, no Butantã. O imóvel da rua Gália foi colocado à venda, demorou meses, as ofertas recebidas eram ridículas. No mercado, Fabrizio ganhou o apelido de "uísque branco". Ironizavam, donos de bares e boates tornaram-se zombeteiros, convites para jantares e festas evaporaram. "Amigos se afastaram. Quando você tem tudo, vive rodeado", disse Rogério. "Mas quando perde tudo, descobre os que são verdadeiros amigos. Sobram tão poucos."[9]

"A descida foi vertiginosa, uma queda radical, nos vimos reduzidos a quase nada", sintetiza Andrea. Tudo foi sendo levado. "Cansei de correr com mamãe para esconder tapetes, quando os fiscais, ou seja lá o que fossem, chegavam com um mandado para confiscar peças, quadros, móveis, esculturas, o que havia. Enrolávamos os tapetes

---

[9] Numa das entrevistas que fiz em março de 2013, ao pedir a ele uma lista de amigos com os quais eu gostaria de conversar, ele me olhou, triste: "Tenho muito poucos amigos. Pouquíssimos." (N. do A.)

e jogávamos embaixo da cama e fazíamos cara de bobos, infelizes. Lembro-me como cada confisco doía em papai. Ele sentia por nós. Era muito triste olhar para ele. Não podíamos manifestar nenhum desejo, vontade, ele corria para nos satisfazer. Como se nada tivesse acontecido. E gastava mais, não queria que nada faltasse, não queria que a gente sofresse um pingo."

Ao voltar da Europa, a memória que ficou em Rogério daquela época era muito triste. "Ele, que sempre foi exuberante, ativo, tornou-se um homem abatido, deprimido. Era difícil para todos. Ele cresceu muito rápido e de repente explodiu, mas continuou lutando e dizendo que ia se recuperar, tudo ia dar certo de novo. Acordava muito cedo, dormia tarde em busca de soluções, caminhos, não entregava os pontos."

Ao mesmo tempo, outra questão abalou Fabrizio, empurrou-o mais para baixo. Daisy pediu o divórcio. Não foi uma decisão súbita, ocasionada pela situação econômica. Foi o clímax de uma série de situações provocadas pela vida boêmia de Fabrizio. Parecia ser mais forte do que ele, vivia aquela vida há anos, não percebia que ultrapassava os limites. Daisy acendia a luz amarela, dizia "atenção, cuidado, posso suportar por um tempo, mas não o tempo inteiro". Havia algum tempo os desentendimentos e discussões se arrastavam. "Éramos testemunhas das brigas constantes, da falta de diálogo, dos desencontros. Nós, os filhos, sofríamos também. Então, eles se separaram. Quando as coisas chegam, chegam para valer, vêm em avalanche. Pressentíamos que aquilo aconteceria", comentou Andrea, apelidada Deca, que nessa época estava com quinze anos. "Ali o mundo de meu pai caiu de vez, veio abaixo, caiu tudo", lembra.

Em casa, de repente, entravam oficiais de justiça e iam afixando nos quadros, móveis, esculturas, tapetes, rótulos, vários tipos de bens, aprisionados, marcados: "Embargado, propriedade do banco tal".

Comida da nonna no Fasaninho

Dias antes de pedir a concordata, Fabrizio levantou-se com uma preocupação. A de que a questão judicial que o envolvia pudesse respingar sobre a Editora Três, da qual ainda era um dos sócios. Conversou com advogados e deixou a empresa. Ele ainda mantinha a representação de alguns uísques, Buchanan's e Black and White, de licores, mas o fundamental era sair da concordata, a fim de poder continuar a tocar empreendimentos. Conseguiu finalmente vender a casa da rua Gália e os credores foram ficando com os barcos. Com pesar venderam o terreno de oito mil metros quadrados. Dinheiro pingava, dinheiro amortizava dívidas. O cerco da receita era total. Para vender suas bebidas, Fabrizio necessitava comprar selos, mas seu nome estava bloqueado. Quando o estoque de selos terminou, viu-se num beco sem saída. No máximo da aflição, pensou até em conseguir uma gráfica que imprimisse selos para ele, mas foi dissuadido pela família, amigos e pelo bom senso que acabou prevalecendo. Hoje, a época ficou tão cruelmente marcada que ele se confunde, diz que levou seis meses para levantar a concordata, porém o prazo foi maior, entre um ano e meio e dois anos, quase três. A lembrança ainda o machuca.

"Finalmente, um dia, passamos no Banco Mercantil, um dos maiores de São Paulo, e apanhamos o cheque administrativo assinado por Gastão Eduardo de Bueno Vidigal, filho do fundador do banco e amigo pessoal de meu pai", conta Fabrizio Júnior. "Era o último cheque. Fui com meu pai até a Cidade de Deus, pagar o Bradesco. Fomos recebidos, entregamos o cheque, pedimos o documento quitando a dívida. Foi-nos respondido que somente depois que o cheque fosse compensado. Aquilo doeu. Pensar que Amador Aguiar, o fundador do Bradesco, tinha sido padrinho de casamento de papai." Ao sair do banco, Fabrizio sentiu-se leve, sorriu. "Pronto para outra, a vida são momentos."

Hoje, Fabrizio tem um ar sombrio quando reconhece: "A única recordação ruim que tenho na vida são os anos que passei tentando sem sucesso levantar a imagem do Brazilian Blend. Meu Waterloo."

A volta por cima, como na canção de Vanzolini, ele deu em seguida com a criação, para não dizer invenção, de um vinho branco que logo dominou o mercado. Neste momento, a cultura do vinho não era disseminada como hoje. Era hábito entre descendentes de europeus, principalmente italianos e alemães. O que se vendia eram vinhos franceses, italianos e portugueses. O Brasil era grande consumidor de uísque, espumantes, rum (principalmente os jovens que aderiram ao cuba libre) e finalmente a vodca, que ganhou grande espaço e avançou até os dias de hoje, sendo agora bebida da juventude.

Neste início da década de 1980, Fabrizio teve o *insight*: produzir um vinho que caísse no gosto do brasileiro. Todos diziam: cuidado, vai dar com os burros n'água, brasileiro comum não toma vinho, e sim cerveja, cachaça ou aqueles vinhos adocicados de São Roque. Fabrizio foi para o sul, percorreu o Vale dos Vinhedos e teve boa recepção na vinícola Aurora. Contratou um enólogo, Franco Barbieri, e juntos buscaram várias opções. Passavam tardes inteiras em tentativas e experimentações. Fabrizio voltou a São Paulo para cuidar de burocracias, Daisy ficou junto a Barbieri, até o dia em que este, ao introduzir um leve de fragrância de maçã, atingiu o ponto ideal. Um vinho branco leve, com mínima dose de açúcar. Levaram a Fabrizio, que aprovou. Nasceu o Weinzeller. Faltavam apenas o rótulo e a garrafa.

Saber vender era uma arte que Fabrizio dominava. Tinha experiência, intuição, sorte, conhecia a clientela. Colocou toda sua máquina em movimento, encontrou amigos que o ajudaram, gente que ainda acreditava nele. Aquele vinho suavemente adocicado, que vinha um uma garrafa verde, esguia, com nome alemão, começou a entrar nas mesas. Bom custo benefício e uma imagem de status em determinados locais. Alguns restaurantes rejeitaram, mas ao verem crescer os pedidos, deixaram a ortodoxia de lado e levaram o Weinzeller para as mesas. Em pouco tempo, Fabrizio colocava no mercado 500 mil caixas por ano.

A roda da fortuna passou a girar a seu favor, empurrada pela ousadia e pelo trabalho. Tanto que logo a própria Aurora criou também um vinho branco semelhante, o Katzwein. E o Liebefraumilch, vinho da região do rio Reno, importado, entrou em cena, ganhando corpo, movido pelo nome que a maioria traduzia como "leite da mulher amada", o que lhe dava um ar poético, mas um erro segundo os alemães, porque na realidade significa "o monge de Nossa Senhora". As garrafas azuis fizeram muito sucesso nos anos 1980, ainda que muitos as considerassem cafonas. Outro vinho popular na época foi o Schwarzkat.

Todavia, quem sempre navegou em águas serenas e em alta velocidade foi o Weinzeller. Visto a distância, muitos dão razão a Fabrizio quando afirma que foi em parte responsável pela introdução no Brasil da cultura do vinho. Aqueles "vinhos alemães" despertaram a consciência em relação ao vinho e uma cultura passou a ser imantada lentamente. A partir daqueles anos surgiram os colunistas de gastronomia, os críticos, os cursos de enologia em escolas como a do Senac. Rogério afirma com tranquilidade: "Naquela época, mesmo com as adversidades, aqueles que tinham zombado, quando viam o sucesso que meu pai fazia passaram a copiá-lo, daí a concorrência estar de olho, e o sem-número de "vinhos alemães" que surgiram, todos muito parecidos, alguns Rieslings, outros simplesmente Tafelwein, vinhos de mesa, comuns, ou os Kabinett, vinhos secos, leves.

A estranha história do restaurante francês

Certo dia, em 1981, Fabrizio foi chamado pelo grupo que comandava o Shopping Eldorado, recém-construído e um dos maiores da cidade em área comercial. Havia um grande espaço no terceiro andar e foi sugerido a ele que ocupasse, ali instalando um restaurante Fasano. Ele a princípio declinou, mas lembrou-se de seu filho Rogério, uma vez que o mais velho, Fabrizio Júnior, estava a ajudá-lo no comércio de bebidas. "Expliquei que, estando ainda com pendências judiciais, estaria por trás, mas Rogério poderia muito bem tocar o empreendimento." Neste momento, Rogério tomou plena consciência do período difícil que todos tinham passado e, de alguma maneira, ainda passavam, e percebeu que o pai estava buscando se recuperar do tombo, que tinha sido grande. Pouco restava do "império". Agora, o pai lhe pedia para entrar de corpo e alma e ele concordou:

– Acho que pode ser legal.

– Só se você quiser realmente.

"Eu tinha vinte anos e entramos em um restaurante que tinha um pacote meio que pronto, não havia ali a figura do *restaurateur*, aquele que vai fazer, moldar, dar o estilo, formatar. E embarcamos na moda da *nouvelle cuisine*, que não era a nossa. Nem era Fasano, chamava-se na verdade Jardin Gastronomique Fasano, imagine só!

"Nem sei se devia falar disso", comenta Fabrizio pai. "No fundo, foi uma coisa que não tinha nada a ver conosco. Mas era preciso trabalhar, tentar, Rogério se animou. Depois, caímos na realidade. O restaurante no Shopping Eldorado era no terceiro piso. Logo, aconteceu uma coisa muito louca. Como o shopping fechava às dez da noite, nesse horário as escadas rolantes eram desligadas. Ou só funcionavam no sentido descer. Assim, quem chegasse ao lugar depois das dez, encontrava as luzes todas apagadas. Acesas apenas as do Jardin, lá em cima. Precisava subir a pé. Também os elevadores eram desligados, por economia.

Todas as compras tinham de ser feitas no supermercado do shopping, que ficava no térreo. Quando se pedia filé mignon, vinha um filé de segunda, o que influía, evidente, na qualidade da comida. Um chef de um restaurante que se chama Jardin Gastronomique não podia depender de um fornecedor só, onde ingredientes mais sofisticados não eram encontrados. Daisy cuidou das toalhas, dos guardanapos, dos acessórios. Quando vi as mesas, tive um choque. Eram baixinhas, quem comia precisava se curvar. Porque o proprietário, um senhor respeitável e bom, já de certa idade, era um homem baixo e mandou fazer as mesas pela sua altura. Mesas e cadeiras. Custou um bocado para conseguirmos aumentá-las em mais dois centímetros."

Este foi o primeiro encontro pai e filho no assunto "restaurantes". Logo ambos desistiram, não havia a mínima chance de dar certo. "Na verdade, já haviam decidido tudo de antemão, a decoração era aquela, a cozinha – o cardápio – era aquela, não nos deram margem nenhuma, o lugar não tinha nossa cara, nossa comida, nosso jeito, nada. Chegava sábado à noite e tínhamos duas mesas ocupadas. Impossível. Por outro lado foi o embrião do *restaurateur* Rogério, aquele que continuaria dedicado e manteria, junto com o pai, o DNA familiar. É curiosa também a explicação de um homem experiente no assunto, Almir Paiva, que começou sua carreira no Jardin e hoje é o maître do Fasano, após 31 anos. "Leve-se em conta que uma das coisas que um cliente gosta é de chegar à porta do restaurante com seu carrão, símbolo do seu status, gosta que o vejam, o reverenciem já antes de entrar. No shopping, ele deixava o carro com um valet e subia três andares de escada rolante, isso quando a escada funcionava para cima." Detalhes que são observados por quem conhece comportamento.

Almir Paiva: Saber receber é um dom

Condenso em Almir Paiva, maître do Fasano, o pensamento daqueles que trabalharam e trabalham com Fabrizio, com ele aprenderam o ofício, ganharam o status que significa a filosofia dessa entidade, chamemos assim:

"Fabrizio é uma das figuras mais importantes em tudo que aconteceu na história de nossa gastronomia e bebida. Ele sempre foi visto, fora dos restaurantes do grupo dele, como o *Príncipe da Noite*, porque possui várias características como a generosidade, a educação, o homem fino, que tratava as pessoas com polidez e respeito. Isso contagia todos nós que trabalhamos na família, porque a gente vê o exemplo à nossa frente. A maior parte do que sei hoje, e posso dizer do que sabemos, aprendi/aprendemos com os Fasano. Fabrizio sempre foi uma referência fundamental para mim nessa convivência de mais de 30 anos, desde o tempo do Jardim Gastronomique.

Há um ensinamento que ele repetia muito, e fala até hoje, até ficar gravado em todos. A máxima, ou lei, ou axioma do bem servir. Num mundo informatizado, onde as relações são cada vez mais impessoais, há algo que não mudou. A relação entre o receber e servir ao cliente. Se você não tem facilidade de fazer amizades, em lidar com as pessoas, este ramo não é bom para você. As pessoas são diferentes e você precisa conhecê-las, aceitá-las e respeitá-las como são. Isso é um dom, um talento, que você pode aprender, mas tem de ter dentro de si. Alguns, por exemplo, não têm a menor tolerância para nada, nem para um atraso de cinco minutos em uma mesa reservada. Com o tempo aprendemos a identificar como cada um é e a saber lidar com eles. A coisa mais difícil nesse setor é conhecer seus clientes, saber quais são as exigências que essas pessoas têm e tentar atendê-las. Essa é a habilidade máxima."

Fabrizio e Rogério mantêm um relacionamento típico de pai e filho italianos. "Trocamos figurinhas, beijos e tapas", diz o filho. "Nenhuma decisão sai sem que aconteça antes um debate caloroso ou uma conversa ao pé do ouvido. Mas a herança profissional vem mesmo do avô Ruggero. Meu pai é um administrador com boa formação, estudou muito e tem até mestrado. Eu estudei história, cinema e economia, mas nunca por mais de ano e meio. Naquele momento, aprendi rápido como é insano esse negócio de restaurante. A vida... no que se transforma a nossa vida? Não tem folga, não tem dia, não tem noite, não tem fim de semana. Naquele momento visualizei toda a trajetória de meu pai, ela se abriu a minha frente, clara. Entendi muita coisa."

Enfim, fechado o Jardin Gastronomique, veio um hiato. Um tempo de reflexão. Foi quando surgiu uma casinha na rua Amaury e o olhar dos Fasano se acendeu. Foi ali a semente de uma nova era, um *revival*. Momento de iluminação que modificaria o futuro.

Casa alugada, reformada. Entrou em cena o arquiteto Gil Donnat. Juntava-se a experiência de Fabrizio, a vontade de Rogério e a fantasia de Donnat. Abriu-se em 1982 um restaurante piccolo, como alguns tradicionais de Itália, aqueles pequenos restaurantes familiares nas cercanias da Piazza di Spagna, em Roma, íntimos e aconchegantes. Ou que encontramos nas estradas provinciais. O Fasaninho da Amaury tinha apenas nove mesas, para 36 pessoas ao todo. O agora patriarca Fabrizio embarcava em mais uma. O sucesso da casa se deveu principalmente ao foco da cozinha.

Até então, analisa Rogério, "a cozinha do meu avô, Ruggero, ou de meu bisavô, Vittorio (que dá nome à rua), não era autenticamente italiana. Eles tiveram as melhores casas de São Paulo, mas a comida era internacional, do steak Diana ao estrogonofe. Quando olhamos para trás, vemos que na verdade foi o Ca' D'Oro quem recuperou a gastronomia italiana, autêntica. Este foi nosso caminho. O Fasaninho da rua Amaury focou nele. Trouxemos ao Brasil Luciano Boseggia, vindo da Lombardia. Aquilo foi novo. Passamos a fazer risotos, ossobuco meneghina, costeleta, ou seja, o que comíamos na casa da nonna Ida aos domingos". Completa Fabrizio: "Foi esse Fasano que explodiu e nos recolocou no mapa." E Rogério: "Nesse momento me senti *restaurateur*. Foi ali que nasceu o filho *restaurateur* de Fabrizio."

Momento importante, porque Rogério, ao olhar para o pai, chegando aos 50 anos, percebeu que a autoestima dele tinha voltado. Era outro homem, o antigo sonhador refeito. Então, por aquelas razões pelas quais São Paulo caminha, ou seja, o contínuo demolir e erguer prédios, as casas caindo para dar lugar a arranha-céus de escritórios e apartamentos, o Fasaninho teve vida curta, durou apenas quatro anos, sendo fechado em 1986 em plena glória. Mas deixou sua marca e hoje é o símbolo de um recomeço. O germe tinha contaminado a família de novo. Levando-a a sonhar com um dos restaurantes mais faraônicos da cidade. Fasano e grandeza eram sinônimos.

Um homem indignado

No ano de 1982, quando a Carta Editorial começou a publicar *Casa Vogue*, Fabrizio Fasano foi convidado por Luis Carta para escrever uma crônica mensal, sob a epígrafe *Bebendo com Fabrizio*. Era uma conversa solta, bem-humorada, prática, que além de revelar uma faceta desconhecida de Fabrizio mostrava alguém que entendia do assunto, porque vivia mexendo (como dizem os mineiros) com ele toda a vida, conhecia os meandros, os labirintos do produtor, do vendedor, do bebedor. Fabrizio dedicou 15 anos de sua vida à Associação Brasileira de Bebidas, ABRABE, da qual foi um dos fundadores. Participou sempre da eterna discussão: leis de proteção, impostos, uísque falso ou verdadeiro, contrabando, leis de proteção etc. Por estes *highlights* de artigos seus se tem uma síntese da luta que empreendeu.

Mito: o uísque no dorso da mão

A dúvida cruel do tomador de uísque é a incapacidade que ele tem em distinguir o falso do verdadeiro. Como então ter certeza? Uns despejam o uísque no dorso da mão, como se este fosse uma colônia, cheiram e dão o veredito: falso ou verdadeiro. Se acaso um "master blender" (provador profissional escocês) visse esta cena – que se repete a cada minuto no Brasil –, morreria de rir. Pois decididamente esta não é a melhor forma de se distinguir um legítimo scotch.

Mito 2: o conta-gotas nada impede

O Brasil é hoje um dos pouquíssimos países do mundo onde se exige o conta-gotas na garrafa, como se o conta-gotas fosse um cinto de castidade. Que mentira! Qualquer ajudante de barman com duas horas de experiência em seu primeiro emprego aprende a "injetar" ao inverso um conta-gotas, ou seja, enche qualquer garrafa com qualquer conta-gotas em menos de 60 segundos.

O conta-gotas no uísque é como trava de direção de um automóvel, algo que jamais evitou o roubo do carro.

Num bar, é muito difícil um uísque falso ser reconhecido, pois a garrafa, o rótulo e o conta-gotas são originais, apenas que aquela garrafa é enchida de novo dezenas de vezes com uísque nacional muito mais barato que o escocês e certas vezes até de razoável qualidade.

Mito 3: o paladar pode enganar

Todo barman sabe que o paladar é muito subjetivo, além de facilmente influenciável. Ou seja, se o cliente desconfia que naquele bar o scotch está sendo falsificado, não adianta servir scotch legítimo, porque esse cliente sempre vai achar que é falso. O contrário é igualmente verdadeiro: se o cliente confia no bar, não desconfia do scotch.

Cansei de fazer uma experiência com meus amigos "entendidos" em uísque, aos lhes oferecer uísque nacional, dizendo: "Veja como este scotch está ótimo." E eles concordavam. Portanto, não é fácil reconhecer um legítimo scotch; é preciso muito treino, muito paladar e, principalmente, um excelente olfato – o que não é muito comum em fumantes. Portanto, ao tomar um scotch em um bar, escolha um de sua absoluta confiança que ele será sempre legítimo.

Verdade 1: como os falsificadores agem

Veja como agem os falsificadores: percorrem os garrafeiros que adquirem em bons bares e hotéis garrafas vazias em perfeito estado, inclusive as caixetas individuais e as caixas de papelão. Neste jogo de embalagens, a única parte violada é a cápsula de chumbo ou plástico que envolve o conta-gotas. Então, o falsificador necessita de uma cápsula nova e normalmente compra de um fabricante brasileiro sem a marca do uísque nacional gravada (a marca e a qualidade variam conforme a consciência do falsificador) e, finalmente, uma seringa de borracha. A cápsula, então, é gravada manualmente se for de plástico, processo de silk-screen, ou cunho rudimenatar pintado à mão. O detalhe da cápsula passa despercebido para a maioria das pessoas. Exatamente aí é que se percebe a falsificação.

Verdade 2: uma lupa é o melhor teste

Se você quiser continuar comprando contrabando e não ser enganado, aconselho a esquecer o tal "teste da mão". Compre uma lupa e um litro de uísque de sua marca preferida numa casa honesta, que só trabalhe com produto importado legalmente. Contudo, ao invés de beber esta garrafa tão cara, use-a como padrão de qualidade. Com uma boa lupa e uma garrafa honesta para ser comparada, você terá as condições de se tornar um expert. Pense bem, pela diferença de preço bem que vale a pena um rendizado.[10]

Mito 4: medidas do governo

Anunciou-se a redução da alíquota de importação, com o sério intuito de eliminar o contrabando. A alíquota é de 205% e seria reduzida,

[10] *Casa Vogue* número 1, 1982.

segundo informes oficiais, para 105%, ou seja, quase a metade. Para o leitor inexperiente, a medida parece eficaz, mas na realidade é totalmente inútil. Segundo cálculos recentes feitos com a futura e a nova alíquotas, uma caixa de uísque considerada standard terá um custo final em torno de Cr$ 40 mil (3,3 mil reais em valores atuais) e os uísques premium um custo final de Cr$ 60 mil (4,9 mil reais em valores atuais). Claro que os importadores terão de vender esses uísques a Cr$ 58 mil (4,8 mil reais em valores atuais) e Cr$ 88 mil (7,2 mil reais em valores atuais), respectivamente.

Todos sabem que os preços dos uísques no contrabando giram em torno de Cr$ 26 mil (2,1 mil reais em valores atuais) a Cr$ 32 mil (2,6 mil reais em valores atuais) a caixa. Nesse simples raciocínio, torna-se evidente que o contrabando continuará como antes, monetariamente bastante vantajoso. Por que os técnicos do governo não percebem que essa medida é inócua? Se o intuito é terminar com o contrabando, a única solução seria reduzir os impostos a um nível tal que não fosse possível o contrabandista obter lucros razoáveis... Será preciso um diploma da Fundação Getúlio Vargas para se perceber que o contrabando só será eliminado se o mercado oficial situar-se apenas 30% ou 40% acima da cotação dos preços no contrabando?

Fabrizio não poupa a ironia:

A única explicação que tenho para o fato é que, em função do contrabando não ser reconhecido como existente pela tecnocracia fazendaria do Brasil, esses números não são levados em conta, ou seja, seria cômico um técnico do Ministério da Fazenda reconhecer oficialmente que esses são os preços dos uísques vendidos no contrabando. Como provar? Eles não emitem nota fiscal de vendas.[11]

[11] *Casa Vogue* número 2, 1982.

Verdade 3: a falsificação nacional

Falei sobre falsificação. Pois bem, ao reler senti que faltava alguma coisa, pois só tratei da falsificação ao nível dos importados e percebi que pouca gente sabe que o índice de falsificação com bebidas nacionais é infinitamente maior. Estranho, mas, infelizmente, é verdade. O risco de falsificar uma bebida nacional é muito menor, pois o tomador de uma bebida nacional pode não estar prevenido do que está tomando.

O imposto brasileiro sobre bebidas alcoólicas é muito alto. Nos destilados a alíquota chega a 90% ad-valorem, ou seja, quando um fabricante vende um litro por Cr$ 1 mil ele adiciona de IPI mais Cr$ 900, portanto o comerciante paga Cr$ 1.900 por litro. Este sistema muito injusto estimula o fabricante a piorar a qualidade do produto, a fim de barateá-lo a nível industrial, e, por conseguinte, vendê-lo mais barato e recolher menos impostos.

Em nosso país existem dentro de uma mesma categoria de produtos preços que variam de 1 a 500% de diferença. Uísque de Cr$ 400,00 a Cr$ 2 mil o litro. Vermute de Cr$ 150,00 a Cr$ 1 mil. Vodcas de Cr$ 280,00 a Cr$ 1.200,00 a garrafa. É a babilônia tupiniquim no mundo das bebidas...

No Brasil se produz e se vende livremente vermute feito sem vinho, conhaque feito sem uva, vodca de álcool industrial, rum de cachaça e assim por diante... Conheço e sei de produtos que no início de sua comercializacão eram honestos na sua rotulagem e na fabricação, mas que, aos poucos, em função dos concorrentes, foram piorando... até um ponto em que se nivelaram por baixo. Daí o conceito tipicamente brasileiro de que uma bebida só é boa no começo, depois avacalha e torna-se praticamente imbebível.

Verdade 4: por que o brasileiro sofre do fígado?

Fabrizio, homem lúcido, experiente, não tem medo da verdade, é agudo na crítica, triste na contastação:

O brasileiro médio hoje é o homem mais enganado do mundo; é enganado nos cálculos dos juros na compra a prazo, nas supostas garantias de eletrodomésticos, na rotulação e formulação de alguns produtos alimentícios, nos remédios milagrosos anunciados livremente, principalmente os para o fígado, remédios que, quando tomados, pode-se comer e beber à vontade. Eu, que estou envolvido na venda e fabricação de bebidas há mais de vinte anos, sinto uma profunda frustração em aceitar tal situação. O bebedor brasileiro não tem chance.

Se por acaso ele quiser ser um pouco mais cuidadoso e se der ao trabalho de ler rótulos, também estará sendo enganado; pois a maioria dos rótulos não são verdadeiros; escreve-se "malte escocês importado, envelhecido na origem", quando na realidade é malte nacional novo, ou na melhor das hipóteses um pouco envelhecido; se escreve destilado "com cereais nobres" quando na realidade é puro álcool de cana; escreve-se "produzido com puro destilado de vinho", quando na realidade é novamente álcool de cana, e assim por diante.

O mais triste de tudo é que não são só pequenas empresas que fazem uso de rótulos falsos; são principalmente as grandes nacionais e mutinacionais, inclusive com seus líderes do mercado, a enganar impunemente milhões de brasileiros. Às vezes me pergunto: será que no país de origem dessas empresas elas continuariam impunes? Claro que não. Esse tipo de fraude só é possível em países subdesenvolvidos e eles sabem disso. Agora deu para entender porque o brasileiro, de maneira geral, sofre do fígado...[12]

[12] *Casa Vogue* número 3, 1982.

Washington Olivetto "Ninguém resiste àquele jeito de Fabrizio olhar"

Minha tia Ligia, não tendo filhos, adotou-me como seu sobrinho favorito. Ela e o marido, com bons empregos, me davam um padrão de vida que meus pais não tinham a mínima chance de me dar. Assim, desde garoto, cortava cabelo na Clipper, frequentava a Confeitaria Vienense, o Salão de Chá do Mappin, o Gigetto, o La Paillote, o Ca'D'Oro e para coroar o Jardim de Inverno Fasano, onde, aos seis anos, era fascinado pelas coxinhas e por um sistema meio que de rotisseria incrível. Ali via o Fabrizio, alto, imponente, bem vestido, um cavalheiro, diziam meus tios. Ele nunca deve ter me notado.

Aos 19 anos fui trabalhar em publicidade, atento ao que outros criavam, e era época do slogan mais ouvido, lido, discutido, comentado: *O bom uísque se conhece no dia seguinte*. Conversando com amigos, eles diziam: o slogan é bom, mas genial é o dono do uísque, um sujeito que vai de bar em bar, restaurante em restaurante, com sua maleta cheia de amostras e vendendo para os donos. Fechado o negócio, despede-se dizendo: "O bom uísque se conhece no dia seguinte". Era um mantra.

Mais tarde, na DPZ, me relacionei com aquele pessoal heroico da Editora Três, enfrentando a gigante Abril. Na Três, fiz curso de charme com o Luis Carta, convivi com o Domingo Alzugaray, ainda com aquela cara de bonitão de fotonovela e com o Fabrizio, sedutor, bem humorado, cheio de ideias. Certo final de semana, Roberto Duailibi me levou a um almoço na casa da rua Gália. O maior movimento, casa de italianos, agitada, os filhos e os amigos dos filhos, bando de gente, lembro-me de Andrea, pequenina, com seus 8 para 9 anos. Uma casa enorme, muita madeira, muito verde, uma visão panorâmica da cidade. Aquela casa impressionava, era a imagem de Fabrizio e Daisy e do mundo que construíram. Ah! A Daisy, que foi embora, voltou, foi, regressou, essa relação não acabará nunca!

Passou o tempo, Fabrizio, que para mim, na época, era o "seu" Fabrizio, me procurou na DPZ:

– Estou produzindo outro uísque, quero que você faça o comercial.

– Não posso, a Drury's é cliente da agência. Não posso trabalhar para um concorrente.

– É um free-lance, faça para mim!

Ele me olhou de um tal jeito que não resisti. Ninguém resistia (resiste) "àquele tal jeito" dele e concordei em criar um comercial, mas seria um presente, não iria cobrar nada. Estava emocionado com o idealismo dele de produzir uma bebida que rompesse com o preconceito contra o uísque brasileiro. Era, posso dizer, uma ideologia, tanto que o nome foi Brazilian Blend. Fiz o comercial, o uísque vendeu, ele fez questão de pagar, recusei, até que um dia ele depositou em minha conta uma quantia desproporcional ao preço de um comercial bem pago. Quando o encontrei, agradeci, ele deu aquele sorriso.

Meses depois, o uísque que ficava branco, e na minha memória também ficava verde, afundou, Fabrizio foi junto, até a concordata, que mudou tudo, até a boa vida do Rogério no exterior, com seu sonho de estudar e fazer cinema. Parece que Fabrizio, a vida inteira, teve a capacidade de ficar rico, ficar pobre, ficar rico...

Veio depois o reinício, o restaurante do Shopping Eldorado, mas havia ali um mico, porque também o Rodeio, a churrascaria mais badalada, mãe de todas que vieram em seguida, fracassou naquele lugar. Finalmente o reerguer-se, com Rogério ao lado, febril, animado, montando Fasaninho da rua Amaury, com a única costeleta à milanesa capaz de rivalizar com o do Bife Scala, de Milão. Para fechar, uma coisa bonita. Este homem é o único empresário do ramo, a tal ponto sincero, generoso e feliz, que frequenta os restaurantes dos concorrentes, não tem ciúmes. Repito a emoção que tive ao conhecê-lo: Puta vida, esse cara impressiona.

Pedimos um restaurante, recebemos um castelo

Na altura de 1984-1985, surgiu um problema que, de saída, assustou. A JHSF, das maiores incorporadoras do Brasil, comprou uma vasta área na rua e dentro desta área estava o Fasaninho. Todavia, os Fasano conseguiram um acordo amigável e prorrogaram o prazo de despejo por um ano, enquanto tentavam liberar um outro ponto nos Jardins, para um novo projeto, um restaurante como nunca tinha sido visto em São Paulo. Como estava envolvida gente amiga e de confiança, a incorporadora prometeu que, assim que o edifício fosse concluído, o Fasano teria seu espaço para abrir um restaurante. Todo o trabalho da família, a partir dali, se concentrou na rua Haddock Lobo.

É preciso, antes, conhecer um pouco da história do Brasil na época. Com o país saindo de uma ditadura e caminhando para um regime mais livre, tempo que foi chamado de "Transição para a Democracia", o Brasil viveu uma efervescência econômica e política na década de 1980. A ditadura militar começou a abrandar com o governo de Ernesto Geisel, entre 1974 e 1979. Ele foi substituído pelo general João Figueiredo, militar linha dura, famoso pelas frases: "Prefiro o cheiro dos cavalos ao do povo", "Quero que me esqueçam" e pela conjugação "exploda" do verbo explodir. Mas durante seu governo formatou-se o Movimento Pró-Diretas Já e houve a eleição de um novo presidente, não pelo voto popular, mas pelo Colégio Eleitoral, que elegeu Tancredo Neves, o primeiro presidente democrático em duas décadas. Tancredo, todavia, faleceu antes de tomar posse, em um episódio comovente para o país inteiro, que seguiu a agonia do presidente, internado no Incor (Instituto do Coração). O vice José Sarney assumiu a presidência. O general Figueiredo saiu pelos fundos do Palácio do Planalto e não passou a faixa presidencial ao seu sucessor.

Numa economia caótica, com a inflação atingindo a estratosfera, Sarney congelou os preços, trocou a moeda cruzeiro pelo cruzado e instituiu em 1986 o primeiro plano econômico. Ficaram célebres os pitorescos "fiscais do Sarney", voluntários que vigiavam o comércio denunciando remarcações. Um dos resultados desse plano foi o desabastecimento do país. No campo, pecuaristas escondiam boiadas inteiras e um dos mistérios era como. No ano de 1987, vieram o plano Cruzado II e o plano Bresser Pereira, mas a economia continuou desarticulada e o Brasil declarou moratória, dando calote em seus credores. Em 1988, o país ganhou uma nova Constituição.

Foi uma década em que perdemos para a Itália a Copa do Mundo da Espanha em 1982. Quatro anos depois, foi a vez da Argentina ser campeã no México. Houve a Guerra das Malvinas, a criação do PT em 1980, o surgimento do primeiro Macintosh e o nascimento do primeiro bebê de proveta. Michael Jackson lançou o clássico *Thriller*, surgiram Madonna, Prince, Iron Maiden, Cindy Lauper, Legião Urbana, Cazuza, Blitz, Barão Vermelho, entre outros. A Televisão Tupi, pioneira, afundou de vez; em seu lugar veio o SBT do Silvio Santos.

Erguer um restaurante em tempo de caos econômico

Nessa montanha-russa, "tempo de loucura para qualquer empreendimento, a gente ficava desesperado com as variações cambiais, o desgaste da moeda, os juros, o *overnight*, as desvalorizações e contínuas correções", lembra Fabrizio. Os Fasano, pai e filho, tinham reerguido a instituição familiar, primeiro com o Fasaninho, e em seguida jogavam todas as cartas e todo o dinheiro numa batalha audaciosa que levou quatro anos para ser concluída, a construção do Fasano da rua Haddock Lobo, nos Jardins. Fabrizio mantendo a retaguarda econômica e Rogério erguendo o "palácio" que assombrou São Paulo e o Brasil.

Tudo começou pouco antes do fechamento do Fasaninho, na rua Amaury. Afirma-se em família que houve uma atração recíproca entre Rosa de Souza Beleza e Fabrizio. Ela, muitos e muitos anos mais velha do que ele, encantou-se com as maneiras, o modo de ser e o que foi considerado "cavalheirismo", qualidade que importava muito para uma senhora de seu tempo. Aproximaram-se porque Fabrizio e Rogério descobriram que o prédio do qual ela era proprietária, na rua Haddock Lobo, era o ideal, pela localização e pelo projeto que ambos delineavam. Foram longas as conversações. O imóvel de três andares, velho e bastante deteriorado, abrigava um grupo de antigos inquilinos que pagavam alugueis irrisórios. Conta-se que muitos deles não tinham carro e alugavam as garagens para uma casa noturna vizinha, ganhando com isso muito mais do que pagavam de aluguel. Havia rumores de que o Patrimônio Histórico estava de olho no prédio, mas foi descoberto depois que o arquiteto que o construíra já não era tão célebre assim, nem era arquitetura representativa de uma época. A boa vontade de Rosa de Souza e o charme de Fabrizio foram química suficiente e o prédio foi esvaziado. Quando se diz aqui "esvaziado" a expressão é literal, porque após o contrato de aluguel todo seu interior veio abaixo, restando a carcaça vazia. Fabrizio a princípio pensava, junto com um sócio, em construir um hotel que abrigaria o restaurante. Quando o sócio desistiu, decidiu-se construir o restaurante e dois andares acima dele os escritórios da empresa de Fabrizio, a firma de bebidas.

Luigi Crincoli
Mario Ciliberti
Danilo Machado

Para os alfaiates, o elegante Fabrizio sempre quis qualidade

Não é de admirar que Fabrizio Fasano tenha três alfaiates de primeira linha. Dois deles italianos, claro, Luigi Crincoli e Mario Ciliberti. O terceiro, brasileiro, Danilo Machado. Há mais de 30 anos, o cliente é fiel aos três, ora faz roupas com um, ora com o outro. "Vestir-se bem sempre foi uma obsessão para este homem cordial, de fala mansa", afirmam os três. "Não algo que o leva à loucura, mas é um homem apurado quanto a uma roupa perfeita no caimento e acabamento", completam.

"Elegante, sim. Exigente, mais ainda", disseram os três, que durante décadas tiveram (e têm) Fabrizio como cliente. "Um homem sempre atento aos detalhes do corte, caimento, só escolhe tecidos finos, importados", acentua Crincoli, cuja família é de Salerno. Ele começou como aprendiz aos 10 anos e acaba de completar 56 anos de profissão. Danilo lembra-se de uma frase recorrente de seu cliente: "Só uso qualidade, assim como a vida toda só vendi qualidade". Ciliberti é o mais antigo dos três, atendeu Fabrizio a partir de 1982. Luigi viu Fabrizio entrar em sua alfaiataria no final dos anos 1980, na alameda Jaú. Danilo conheceu-o em 1993. "Ainda época dos grandes alfaiates na cidade", lembra. Dos poucos que fazem um trabalho artesanal, jamais terceirizam serviços, cada cliente é uma pessoa especial. "Fabrizio usava poucos ternos, não fiz muitos para ele. No entanto, foram incontáveis os blazers, paletós e calças esportivas, em geral preto, azul marinho, cinza", conta Crincoli.

Danilo diz ter aprendido muito com seu cliente, em matéria de tendências estrangeiras e novidades do mundo. "Ele apareceu em minha alfaiataria há vinte anos, querendo fazer camisas. Ao longo destes anos acabei aprendendo com ele, homem que viaja muito, me trazia novidades do mundo na moda masculina. Fabrizio sempre soube o que queria em matéria de camisas. Elas trazem suas iniciais FF e botões no colarinho, principalmente as esportes. Estas precisam ter dois bolsos. Um homem clássico, sóbrio, gosta de calças de lã italiana. De vez em quando chega com um corte de tecido Fio 200, em geral presente do Rogério, o filho. Generoso, me mandou dezenas de clientes." Ciliberti atende em sua alfaiataria na Mooca, em um prédio da rua Dr. João Batista de Lacerda. "Não tem placa nenhuma, meus clientes sabem. Um indica o outro. Há pouco, Fabrizio, que aqui esteve a vida inteira, marcou, veio, mas acabou se perdendo, tudo mudou, o trânsito virou um inferno, a cidade é outra. Ele deixa tudo comigo, adora tecidos italianos, ajudo a escolher. Fiz incontáveis blazers e muitas calças. Com ele é preciso tirar muitas provas, até se dar por satisfeito." Crincoli lembra que poucos sabem combinar as coisas como Fabrizio, da gravata à meia chegando ao sapato. "Durante anos usou sapatos feitos a mão por um mestre, um italiano chamado Busso, em Vila Buarque, que tinha uma clientela selecionada. Foi ele quem me trouxe o filho Rogério. Tornou-se amigo, me levou muitas vezes a comer no Fasano da Haddock Lobo, aquela grandiosidade."

O palácio no vazio de uma velha casa

Eis que se juntaram três visionários. Fabrizio, Rogério e o arquiteto francês Gil Donnat, de 39 anos, há quinze no Brasil, especialista em construir mansões para milionários. Um sonhador talentoso, homem que falava oito idiomas, inclusive o russo. Gil costumava brincar: "Sou um privilegiado. Entrando no ano 2000, novo século, novo milênio, e sou chamado para construir palácios!" Tempos em que o termo arquiteto ampliou seu significado; decoradores passaram a ser chamados de arquitetos de interiores. O que eles faziam ressoava em revistas como *Casa e Jardim*, *Arquitetura*, *Projeto*, *Casa Vogue* e na própria *Vogue*. Arquitetos e decoradores eram estrelas de uma nova civilização.

Fabrizio vendeu seu vinho Weinzeller por alguns milhões e levantou financiamento. Contou que "a obra inteira foi uma corrida para garantir o dinheiro. E ainda pagava dívidas pendentes de antes da concordata. Num tempo tumultuado, eu precisava dar tranquilidade ao meu filho e a Gil para que o sonho se realizasse." Mas seu nome era respeitado no mundo financeiro, era aceito como avalista. A cifra exata está oculta num escaninho da memória. As obras começaram. A fachada clássica seria mantida, porém os andares interiores tornaram-se o imenso vazio que Gil encheria com um imaginário que assombraria a cidade de São Paulo e o Brasil.

Obras são obras. Somente no dia 11 de junho de 1990, um dia antes do Dia dos Namorados, o Fasano foi inaugurado.

"Pedimos um restaurante e recebemos um castelo", comentam Fabrizio e Rogério. Foi a delícia das revistas de arquitetra e decoração da época. Provocou ciúmes entre *restaurateurs*. Quando conversamos, Fabrizio e eu, em princípios de 2013, ele fragilizado por problemas de saúde, notei o quanto se emocionava ao recordar o impacto que o Fasano provocou em seu tempo. Naquele momento sentia-se prestando homenagem ao avô, Vittorio, ao pai Ruggero, e vendo os filhos continuando uma linhagem. Na época, ele estava com 55 anos. "Espaço suntuoso, mas com humor", comentou a revista *Arquitetura e Construção*, uma das bíblias do setor no período. "As paredes revestidas de mogno imprimem um ar austero, mas não constrangedor. A audácia se reflete nos tampos das mesas, no garrafeiro e no balcão do bar. O humor de Donnat fica patente no jogo em que executou entre o piso e o teto em gesso, embutindo as luminárias. Discretas molduras do forro repetem o desenho do piso, com mármore preto florido e faixas brancas. Cadeiras Mies Van der Rohe compõem os vários ambientes."

No salão da frente, o piano-bar, com Mario Edison tocando, como vem fazendo há décadas, fiel a Fabrizio, que o redescobriu tocando na noite. Daí esta ligação com Fabrizio, também homem da noite, a evocar os piano-bares de uma época em que a noite paulistana era diferente, romântica. Mezanino, salão principal, mesas num terraço para dias, ou noites, quentes, salão privê com copa à parte, falsas janelas dotadas de espelho recortadas na madeira.

Espelhos que rejuvenesciam as mulheres

Nas vezes em que fui ao restaurante e que me ficaram gravadas na memória, guardei o fascínio das mulheres pela iluminação especial dos banheiros femininos, trazida por Gil Donnat de Londres. Lâmpadas de um discreto rosa na moldura dos espelhos rejuvenesciam os rostos refletidos.

Salomão Schwartzman
Um lágrima por Gil Donnat

"Faltava pouco para a inauguração do Fasano da rua Haddock Lobo, reuniu-se ali um grupo de amigos em torno da mesa, numa espécie de preview", diz Salomão Schwartzman, jornalista e radialista. "Estávamos deslumbrados naquele ambiente que foi a obra prima de Gil Donnat. Já sabíamos que ele estava inteiro tomado pelo câncer que o devastava. Comemorávamos, mas estávamos tristes. De repente, Gil apontou o dedo para cada um de nós e disse, impositivo: 'Vocês não têm esse direito. Não quero ver essas caras. Sorriam, sorriam, que a vida é boa.' Quando olhei para Fabrizio, vi uma lágrima descendo pela sua face."

"Fiquei muito assustado", admite Rogério. "Teve dia em que entrei na obra e decidi parar com tudo, apavorado. Mas reconhecia que não havia nenhum outro lugar igual, com tal pompa. Era de tirar o fôlego aqueles pés-direitos altíssimos, as paredes vermelhas, as salas privê e uma adega perfeita. Creio mesmo que o nosso restaurante foi o primeiro a ter uma adega como aquela, para nenhum enólogo, nenhum sommelier ou connaisseur colocar defeito."

No subsolo, a adega assemelhava-se às antigas *cellars* de vinícolas centenárias. Ao começar já abrigava três mil garrafas de 180 marcas, que iam de um Château Lafite Rothschild 1982 ao Château Cheval

Blanc 1985. Sem esquecer o vinho da casa, o cabernet Fasano. Vinhos que a revista *Veja* definiu como "joias guardadas no porão". Fabrizio, que mantinha o escritório de sua empresa de bebidas no Brás, transferiu-o para a Haddock Lobo. "Ficamos muito perto os dois, sempre em contato," disseram pai e filho.

Fabrizio, para Rogério, é a figura mais sábia com quem ele já cruzou: "Conheço poucas relações entre pai e filho tão fortes como a nossa. A gente briga, discute bastante. Só que ele é uma das pessoas mais modernas que conheço. Está sempre do meu lado, não julga, não questiona, não impõe. Fala o que pensa, mas sobretudo deixa você também pensar."

Na entrada o "Oh!" de espanto e alegria

O Fasano da Haddock provocou admiração e rejeição. Uns se intimidavam, outros entendiam que Gil Donnat conseguira não esmagar o frequentador com luxo e pompa, ao acrescentar bom humor e leveza. Anos mais tarde, Rogério escreveria: "Digo sem medo e sem modéstia que o Fasano foi o primeiro restaurante em São Paulo a trazer da Itália quase todos os seus ingredientes. Me lembro hoje com alegria que chegamos a ser criticados pelo fato de trazermos arroz da Itália, algo tido como esnobe na época, e que hoje é comum encontrarmos em qualquer bom restaurante da cidade. Isto aconteceu também com outros ingredientes que eu e meu pais garimpávamos na Itália."

José Zaragoza, então uma das estrelas da propaganda brasileira, comentou: "O Fasano é tão chique quanto os melhores do mundo. É caro, mas o preço é justo." Surgiram lendas gratuitas falando sobre o alto preço dos pratos e dos vinhos, da obrigatoriedade de entrar de paletó e gravata, o alto teor do preço "esnobismo" dos maîtres e garçons. Mitos. Houve quem o considerasse cafona, mesmo nunca tendo ali entrado, e também quem ficasse maravilhado (estes em maior número).

De qualquer modo, havia uma unanimidade. Ao entrar, não havia quem não parasse e dissesse: "Oh!" A família reconhece que este "Oh!" sempre foi a exclamação habitual de quem entrava em um Fasano, ao longo de sua história. Afirma Rogério, que viveu agoniado até a inauguração: "Era tudo, menos um restaurante discreto. Impactante. Foi um divisor de águas na cidade, de qualquer maneira. Havia quem adorava e quem amava, sem meio-termo. Houve, confesso, certa dificuldade até que ele emplacasse. Meu pai mandava aguardar e tocar, trabalhar. Sentíamos que o restaurante não podia fracassar. Aquilo não podia não dar certo, era muito dinheiro investido. Olhava para meu pai e não sabia se ele tinha medo, se tinha confiança, se acreditava ou desacreditava. Ele, sempre sério, imperturbável, tinha visto tudo, tinha vivido tudo, subido e caído. Eu me assustei, mas tudo serviu para completar minha formação, amadurecimento."

Não fracassou. Veio a clientela, vieram os prêmios, a fama nacional e internacional, a excelência na comida (o início foi com Luciano Boseggia), a exaltação das matérias-primas importadas, as trufas trazidas diretamente da Europa e as alcachofras da ilha de Santo Erasmo, na Itália, e assim por diante.

Os pratos deslumbravam. Mousses de codorna, risotos de fios de açafrão, ou *al ragu di'anatra e mele al profumo di curry*, os *tortelli di pernice con salsa di scarola*, os *agnolotti di scampi in salsa de gamberi*, os *medaglione di'aragosta al pomodoro fresco e basilico*, o *petto di faraona al misto di funghi* e outras mais passaram a receber intensa promoção na mídia, provocando a frequência de primeira linha. Quem não conhecesse o Fasano não era vip. E o Fasano pegou, impávido e forte, colosso. Um detalhe triste: um ano após a inauguração do restaurante Gil Donnat morreu.

Pai e filha, numa discreta mesa, observam

Andrea, a única filha, teve também sua passagem pelo restaurante. Ela começou na Haddock Lobo assim que o restaurante abriu.

"Fui chefe das faxineiras, passei para o setor de compras, em seguida almoxarifado, assumi as reservas, fui para o financeiro e enfim tornei-me diretora-geral de bastidores. Quando o Gero foi aberto, tornei-me diretora nas duas casas, fazendo planejamento de custos. Percorri todos os setores, almoçava com os funcionários, conheci a fundo o *backstage*, isso sempre me fascinou, saber como as coisas são feitas, o *making of*. Atrás é onde tudo se desenrola, onde se aprende como a máquina funciona. Ali me preparei para o que faço hoje."

Todas as noites, durante anos, Andrea sentava-se com o pai em uma mesinha estratégica, de onde observavam quem entrava e saía. Daquela mesa viam tudo, sabiam tudo. Quem estava com quem, quem não devia estar com alguém, espantavam-se com certos casais expondo-se publicamente, ele era casado com outra e ela casada com outro, ficavam encantados com mulheres belas e realmente elegantes. Divertiam-se com os personagens, os que faziam tipo, admiravam-se ao ver empresários que publicamente não se bicavam fazendo acordos e conchavos ali, ou empresários *low-profile* se expondo.

"Sempre fui muito ligada ao meu pai, é meu confidente, a ele conto tudo, problemas íntimos, de amor, meus problemas com o casamento, pedia conselhos, ele me segurava as barras. Aquela mesa era um refúgio sossegado, ríamos, nos divertíamos, fofocávamos, eram momentos nossos, eu com minha cervejinha, ele com o vinho do Porto. Trazia dificuldades do meu setor no restaurante, ele me orientava. Contava a ele meu sonho, o de liberdade, ter uma coisa minha, ele estimulava", conta Andrea.

Por ali passava o PIB paulistano, para não dizer brasileiro. "Eu conhecia todos, cumprimentava e era cumprimentado, havia quem viesse à minha mesa. Nessa época sabia-se melhor como o dinheiro era ganho, conhecia-se a origem das grandes fortunas", diz Fabrizio. Daquela mesa jamais saiu uma notícia, a reserva era absoluta. Tinha de ser, como recomendava o velho Ruggero. Ser amigo sem invadir privacidades, dar tapas nas costas.

Fasano-Gero-Fasano, o zigue-zague de São Paulo

Uma parede de tijolos aparentes, com uma porta de madeira grossa, formando um nicho. Dois degraus. Simplicidade absoluta. Percebe-se que a parede é grossa. Ao passar, ninguém imagina que aquela austeridade conventual é substituída, dentro, pelo agito, efervescência total. Quase quatro anos depois, em dezembro de 1993, do outro lado da rua, em frente ao Fasano, o arquiteto Aurélio Martinez Flores entregava o restaurante Gero, que se tornaria velozmente o *darling* (como a crônica social dizia) dos descolados, executivos, intelectuais, bicões, da gente bonita e inteligente. O nome vem do apelido de Rogério, sempre chamado de Gero. Ele deveria ter o nome do avô, Ruggero, porém, na hora do registro, o cartorário abrasileirou.

"Um lugar requisitadíssimo, de uma 'jovialidade calorosa', definiu Silvio Lancelotti, colunista de gastronomia. Silvio construiu um texto poético em que se vê os patriarcas Vittorio e Ruggero, de "algum ponto do paraíso, olhando o presente com orgulho. Examinando a paisagem gastronômica de São Paulo com uma vaidade muito além de justificada. A certa altura, observando o Gero e sua movimentação, os dois veem Fabrizio recebendo os amigos e o avô, Vittorio, espanta-se com seu tamanho: 'Como ele ficou enorme.' Mais adiante, percebe Rogério circulando entre as mesas: 'Meu Deus, Ruggero, o menino é igualzinho a você.'"

A fábula de Lancellotti tem um final que resume a trajetória dos Fasano. "No dia seguinte, Rogério desperta com o ímpeto incontrolável de telefonar a Fabrizio: "Pai, tive um sonho maravilhoso, o bisavô e o vovô em visita ao Gero." Mansamente rindo, Fabrizio diz ao seu menino: "Que é isso, Rogerinho? Eles nunca nos abandonaram. Estão todos os dias conosco." Até hoje, aos 51 anos, Rogério é chamado pelo pai de Rogerinho, assim como o gigante Fabrizio Júnior é Fabrizinho, e Andrea é Deca.

Ao contrário do esplendor do Fasano, em frente, a 20 metros, o Gero é quase despojado, claro, modernérrimo, tijolos à vista. "Fasano-Gero-Fasano, o zigue-zague de São Paulo. "Foi assim que certa vez meu amigo exagerado Telmo Martino se referiu ao Gero. Exageros à parte, se não é o zigue-zague de São Paulo é o meu zigue-zague. E adoro quando me perguntam quantas vezes atravessei a rua Haddock Lobo. Impossível falar do Gero sem mencionar chavões como filhote do Fasano, bistrô *à côté* do Fasano ou simplesmente filial. Mas, na verdade, esta é a sua grande ousadia", lembra Rogério na introdução ao livro dedicado ao restante no início de 1998.

Numa das primeiras páginas do livro, vê-se Fabrizio olhando o salão e a legenda sucinta: "Il capo". Na outra, Rogério beija a mãe, exuberante na sua força, a mesma beleza que seduziu Fabrizio nos anos 1950. A legenda: "La mamma". Então, em uma foto em que há uma atmosfera de ternura, estão os três irmãos: Fabrizio Junior, Andrea e Rogério junto ao balcão, diante de taças de vinho branco. O *restaurateur* Rogério deslanchava e reconhecia: "O Fasano-Gero--Fasano são restaurantes não de chefs nem de empresários, mas de proprietários que criam seus lugares, que estão sempre presentes, que sonham cada ideia, que discutem cada prato e que, mais do que isso, adoram trazer um pouco do seu passado, de suas origens, para a terra que escolheram para viver."

Há uma foto de Luiz Tripolli, abrindo o livro. Em preto e branco, página dupla. À mesa, Fabrizio comendo um espaguete na manteiga, um de seus pratos habituais, e Rogério tomando um gole de vinho. Ambos, como bons italianos, com o guardanapo de linho branco preso ao colarinho. Esta foto, para mim, deveria ser entronizada nos restaurantes Fasano. Sintetizam tudo, resumem a simbologia de um clã, a filosofia de uma família. Entronizada em seu sentido sagrado.

O bufê Fasano de Andrea

O Fasano, falado nacional e internacionalmente, estendeu os braços. Ali foi concebido primeiro, por volta de 1995, o bufê criado por Andrea, que queria se "soltar". Fabrizio sempre dando força, sugerindo, desentortando pepinos. Nos primeiros tempos, o bufê se mantinha sob o guarda-chuva Fasano (para copiar o slogan de um banco tradicional, o Nacional, que não existe mais). Andrea trabalhava à noite no bufê, servindo, a princípio, residências. Um ano mais tarde, arranjou uma sócia, Patrícia Filardi, sociedade que se mantém. O bufê cresceu e alugou uma casinha na então rua Taiarana (hoje Vittorio Fasano), de uma única quadra, entre as ruas Haddock Lobo e Bela Cintra. Ali montou uma cozinha e ampliou o bufê, trouxe João Rodarte para a sociedade, desvinculando-se do Fasano. O bufê continuou a crescer, até se tornar hoje um dos maiores do Brasil.

Atico, uma instituição, trabalhou com Ruggero, está com Fabrizio e Rogério

"Meus mestres foram Fabrizio Guzzoni, do Ca'D'Oro, Fabrizio e Rogério Fasano. Trabalhei para o senhor Ruggero ainda no Fasano da rua Barão de Itapetininga, em 1953. Era um mensageiro, e uma de minhas tarefas era entregar os bolos e doces das festas e dos casamentos, além de atender clientes na doceria. Inesquecíveis foram as coxinhas daquela casa. Meu ofício, a arte de ser maître, aprendi com os Fasano e com meus clientes, eles é que me moldaram. Uma vez por ano eu via o senhor Fabrizio, que estudava nos Estados Unidos e vinha passar férias aqui. Mantinha-me à distância, ele era o filho do dono, rapaz elegante, bem posto", diz Atico Alves de Souza aos 86 anos, sendo 64 dedicados à sua arte, porque saber receber clientes é uma arte complexa.

Baiano de Monte Santo, veio para São Paulo em 1949, foi servente de pedreiro, depois conseguiu um lugar no Cambusa, restaurante e boate na rua Araújo, Centro, época em que aquela rua era um fervedouro na noite paulistana. Dali, passou para o hotel Esplanada, onde pontificava Álvaro Luis Assumpção, com sua boate Meninão, a mais elegante da época. Finalmente, foi trabalhar no Ca'D'Oro, então na rua Barão de Itapetininga, 207, 2º andar.

"Passou o tempo e um dia vi que estava na hora de mudar; deixei o Ca'D'Oro e acabei sendo levado para o Fasano da rua Haddock Lobo, um restaurante como nunca tinha tido outro igual. Minha função era servir o Bollito Misto, que obedece a um ritual que vem do norte da Itália. Quando o Parigi abriu na rua Amaury, fui para lá, levando o Bollito e acumulando a função de maître do lobby no hotel."

Há 24 anos com os Fasano, Atico é uma instituição que viu crescer os filhos de Fabrizio e Daisy, viveu todas as etapas e a evolução do grupo neste quarto de século. "Os Fasano, e também, devo dizer, o senhor Guzzoni, fizeram parte do que sou. Mas quem faz um maître e um garçom são os clientes. E cliente bom é o exigente, o que resmunga quando tem razão. Os que aceitam tudo, os que nada dizem, nada comentam, tornam o profissional displicente, acomodado. Sou de um tempo em que víamos as famílias levando as crianças para almoçar, todos bem vestidos, bem arrumados, porque o ato de comer é um cerimonial de respeito. Uma das coisas que aprendi e que é fundamental? Um maître jamais se senta diante de um cliente. Recebe-o em pé e em pé fica."

Sem pensar em aposentadoria, cabelos brancos, dentro de um smoking feito sob medida, como se tivesse nascido com ele, Atico tem uma comenda rara, a de Cavaleiro da Ordem do Mérito do Trabalho.

Parigi, a aliança entre duas cozinhas

Fabrizio gostava muito de uma blanquette de veau, conta seu filho Rogério. Até o dia em que questionou: "Filho, a vida é cheia de dúvidas, sou italiano, nasci em Milão, mas realmente não sei se troco uma cotoletta alla milanese por uma boa blanquette." Aquela frase reacendeu um desejo que pairava sobre a cabeça de Rogério, o de criar um restaurante com clássicos franceses e italianos. Nesse meio tempo, conversando com Fabio Auriemo, da JHSF, a incorporadora que tinha desalojado o Fasaninho da rua Amaury, lembrou uma promessa dele, a de ceder um espaço para outro restaurante. Quase dez anos tinham se passado, porém Fabio cumpriu a palavra e simplesmente modificou o lobby de um prédio, o número 275 da rua Amaury, já erguido, e entregou. Ali nasceu, em 1998, o Parigi, que passou a contar também com um sócio, João Paulo Diniz.

A ideia, realizada por Sig Bergamin, foi a de reconstituir a atmosfera íntima de um bistrô parisiense, com detalhes em madeira escura, iluminação adequada com luminárias de Murano, dando a sensação de aconchego, mesas espaçosas e cadeiras confortáveis. Um restaurante de discreta elegância, frequentado no almoço por homens de negócios (é o chamado *power lunch*), e à noite por gente bonita, colunáveis, socialites, executivas, modelos. Assim, os Fasano chegaram ao final do século.

O nome intrigava muita gente. Restaurante francês com nome italiano? O mais do que expert J. A. Dias Lopes, do jornal *O Estado de S. Paulo*, desvenda a ambiguidade: "Qual o significado do Parigi nesta saga? O nome do restaraunte sela a aliança entre as duas cozinhas: em italiano, a capital francesa se chama Parigi." Era a ideia de Rogério desde o princípio. Ao abrir o cardápio, elaborado pelo chef Eric Berland, tanto se encontrava soufflé au fromage quanto tortelloni Mantovano, filé de sole farcie aux herbes quanto trenette al pesto, canard à la presse (o famoso, marca registrada do La Tour d'Argent, de Paris) quanto o Bollito Misto, até hoje manuseado pelo senhor Atico, um emblema entre os funcionários dos Fasanos. Com o Parigi e o Gero Café, no Shopping Iguatemi, aberto também em 1998, os Fasano encerraram o século XX.

Sucessão de fatos que provocam orgulho em Fabrizio

A história se acelera. Quando, em 2003, o Fasano da Haddock Lobo, com menos lugares, novas roupagens, porém mais sóbrio e elegante, transferiu-se para dentro do Hotel Fasano, o novo empreendimento familiar, o primeiro no ramo hoteleiro, muita coisa havia mudado no Brasil. Vivia-se um regime de estabilidade econômica, desde a implantação do Plano Real no governo Itamar Franco, quando Fernando Henrique Cardoso era o ministro da Fazenda. Em 1995, FHC foi eleito para a presidência da República e consolidou o real como moeda. O Brasil avançou, a inflação foi debelada. Pela primeira vez em décadas vivia-se sem o temor diário e exaustivo dos reajustes de preços que estressavam os brasileiros cotidianamente. Houve inclusive uma melhora de 24,2% no Índice de Desenvolvimento Humano, o IDH.

A década seguinte seria a do presidente Luis Inácio Lula da Silva, que vinha de um passado de lutas sindicalistas e oposição à ditadura. Ele não mexeu nos fatores econômicos e a estabilidade prosseguiu. Instituiu o Bolsa Família, grande marca de seu governo, e destinado a retirar parte da população da miséria. Realmente houve a ascensão das classes C e D, que vieram compor uma fatia da classe média, tornando-se parte da sociedade de consumo. Lula, com sua força política, fez de Dilma Rousseff sua sucessora. A manutenção da política econômica, com as mesmas figuras e vícios, mais a situação mundial periclitante, levaram à volta da inflação no terceiro ano de governo Dilma. Socialmente, houve a "revolução das ruas", com o povo em massa protestando contra o arcaísmo das instituições e a corrupção desenfreada da classe política.

O Hotel Fasano, na rua que acabou ganhando o nome do patriarca, foi um sonho inicial de Fabrizio antes do restaurante da Haddock Lobo, desativado na ausência de um sócio. Durante treze anos Rogério tomou para si o projeto e com o apoio do pai passou a desenvolvê-lo. "O comprometimento de meu pai em todos os empreendimentos estabelecidos impressiona. Este é um pai como poucos têm igual. Ele encoraja, estimula e trabalha nos bastidores para que as coisas aconteçam."

Comprado, o terreno ficou quatro anos à espera até ser formada uma sociedade com a família Diniz. Nesse meio tempo continuavam os estudos até a concretização da ideia de como seria esse hotel. Uma coisa era clara: teria o requinte da marca Fasano.

Entre 2000 e 2003 outras coisas vinham se sucedendo, como a abertura de um Armani Caffè na mesma rua Haddock Lobo (fechado em 2008) e a criação da Enoteca Fasano, em 2003. O que se havia notado é que muitos clientes das diversas casas tinham interesse em comprar os vinhos ali servidos. A Enoteca foi criada como importadora de nicho, com pequeno portfólio de marcas exclusivas. O luxo do design do arquiteto Mario Peirão marcava a Enoteca. Piso de mármore travertino Navona, estantes com tábuas em madeira camarão clareada. A iluminação era dimerizada. Com um wine bar, a Enoteca recebia grupos para degustação e comemoração. Havia ainda a intenção de buscar estabelecer de maneira mais incisiva a marca do vinho Fasano. A chamada Selezione Fasano era composta por cinco marcas dos mais importantes produtores italianos, escolhidos após longa pesquisa feita pela família Fasano, que percorreu as regiões de Piemonte, Veneto, Toscana, Friuli-Giulia-Venezia. Havia lojas no Rio de Janeiro e em São José dos Campos. Menina dos olhos de Fabrizio e um sócio, a Enoteca foi vendida em 2011 para a World Wine.

No momento em que o Hotel absorveu o restaurante, em 2003, a primeira ideia foi transformar a casa da Haddock Lobo em espaço para eventos. Com uma reforma surgiu uma sala de 600 metros quadrados. Estava no ar a ideia da Casa Fasano, destinada a abrigar grandes acontecimentos com filosofia e padrão de serviço dos restaurantes. Andrea, que já conduzia o bufê, estava à frente, ao lado do pai e do irmão. A diferença entre a Casa e o bufê é que o bufê vai onde o cliente quer. A casa é o local onde tudo se passa. "Diversificava o grupo", diz Fabrizio, "acompanhando as mudanças do mundo, da sociedade, da economia. Nada mais era como antes." O hotel estava de pé, a Casa Fasano anunciada. O restaurante passou para o hotel. Rogério dizia na época que agora era um restaurante com hotel. Ou, se contássemos o Baretto, um bar e restaurante com hotel.

Com um investimento pesado e projeto de Isay Weinfeld e Marcio Kogan, estrelas da arquitetura na época, o hotel tem 23 andares, 64 apartamentos, todos de frente para os jardins. Fachada austera, com relógio no alto, uma tradição retomada dos antigos edifícios nobres da cidade. Os tijolos da fachada vieram todos de Londres. Sobriedade acima de tudo. "Resquícios das impressões que ficaram em meu filho de sua estada em Londres, onde foi estudar cinema. Veja o bar Londra, dentro do Fasano Al Mare, no Rio de Janeiro. Aqui, eu que sempre tive tantos sonhos, vou acompanhando os sonhos de cada um", comenta Fabrizio. Todos reconhecem. Por trás está o homem que vai aos bancos, levanta financiamentos, consolida negócios. Coloca o nome em jogo, assina.

Na evolução do grupo (hotéis no Rio de Janeiro, em Punta Del Este, em Boa Vista, SP), novas configurações foram efetuadas e a empresa ganhou sócios, como a JHFS. A história dos negócios foge ao intento deste livro, destinado a traçar, em uma crônica extensa, a trajetória pessoal de Fabrizio, que sempre se disse colecionador de sonhos. Uma história permeada pelas relações ternas, ásperas, amorosas e explosivas de uma família que carrega um nome que se tornou grife jamais superada.

De seu pequeno escritório, Fabrizio acompanhou ao longo destes anos o leque se abrindo pelas mãos do filho Rogério. Assim, veio 2002 com o Gero carioca na esquina da Aníbal de Mendonça com a Redentor, próximo ao Arpoador. Decorado com fotos do Rio antigo, o restaurante de 110 metros quadrados tornou-se o *must* (na linguagem da crônica), com as receitas trazidas de São Paulo. Ficar nas filas de espera, nelas ser fotografado, ser citado pelos colunistas, tornou-se uma referência.

"Na rua Leopoldo Magalhães, em São Paulo, estava a casa onde moraram meus tios Fábio, irmão de meu pai, e Lia, filha do Amador Aguiar. Uma casa imensa, confortável, com um belo gramado, no qual jogávamos futebol aos sábados. Nos finais de semana estávamos sempre lá; os tios eram hospitaleiros e adoravam a sobrinhada", lembra Rogério. "Quando resolvi me casar com Ana Luisa de Aguirre Joma, pensei que aquela casa, então fechada, seria ideal para uma grande festa. Pedi e minha irmã Deca foi conversar com meu primo Marcelo, que adorou a ideia. Em trinta dias, Deca deixou a casa deslumbrante. Logo depois de meu casamento, veio a ideia de que ali podia ser instalado o bufê Fasano. Ora, bufê era com ela. Sempre apoiei para que Andrea tivesse seu próprio negocio. Bufê é totalmente diferente de restaurante. Para bufê não tenho a menor inclinação, já minha irmã é a legítima continuação do nonno Ruggero. Sempre teve aptidão, herdou o talento do meu avô, traz dentro dela o mesmo dom. Os links da família se fazem e refazem."

Em 2007, os grandes hotéis de luxo cariocas se espantaram com a inauguração do Hotel Fasano, assinado por Philippe Starck, superstar do novo design. Reportagem da *Veja Rio*, em agosto daquele ano, mostra a angústia de Rogério às voltas com os retoques finais, às vésperas da inauguração: "Parece coisa de filme de Jacques Tati, muita confusão, a aflição é tremenda. Sensação de que nada vai dar certo. Mas do outro lado da linha, ou vindo aqui visitar, há o ombro do pai, seu aperto de mão, o olhar algo atemorizado, substituído pelo sorriso final a aprovar as 'loucuras', afinal, somos Fasano." Ali estava também o Fasano Al Mare, restaurante especializado em frutos do mar, rapidamente celebrado como um dos melhores lugares do Rio para se comer um peixe. No final, os sócios do empreendimento felizes ao ver um hotel se ombreando em nobreza com o Copacabana Palace.

Em 2007, em São Paulo, o Fasano entrou no Shopping com o Armani Caffè. Só poderia ser no Iguatemi, o pioneiro e considerado o mais luxuoso e querido da cidade, já integrado ao segmento luxo. Neste flutuar sobre o luxo, no ano seguinte, o restaurante Nonno Ruggero se desdobraria para o Shopping Cidade Jardim. O leque se abria cada vez mais. Até o dia em que Fabrizio viu que Rogério e Isay Weinfeld estavam tramando mais alguma para os lados do Rio de Janeiro. O resultado foi o Gero Barra, na Rua Érico Verissimo, 190. Inaugurado em 2011, levando para a Barra o restaurante mais premiado da cidade.

É isso que Fabrizio, que viu sua saúde debilitada poucos anos atrás, tendo passado por uma intervenção cirúrgica, contempla com orgulho na quase (sim, quase, porque internamente é um inquieto constante) quietude em que vive hoje. Esta é praticamente uma lista cujo DNA está em Milão, chegou ao Brasil, se iniciou com Vittorio, teve um hiato, recuperou-se com Ruggero e Fabrizio, veio um novo espaço, até que o nome e a tradição vêm revitalizados e ampliados pela nova geração, ainda que em setores diferentes.

Um "portinho" no final da noite

Esta extensa crônica de uma vida não tem final. Ela não se encerra, a vida continua. Aos 78 anos, Fabrizio mantém uma rotina bem menos acelerada. Vai todos os dias ao escritório, no segundo andar de um pequeno prédio, circundado pela atmosfera "fasanesca". Por esse neologismo entendam: a rua se chama Vittorio Fasano, seu avô. Ele lembra que o pai também se tornou nome de rua, homenageado pelo governador Laudo Natel, um dos padrinhos de casamento de Fabrizio. É a Ruggero Fasano, junto ao Hospital Israelita Albert Einstein no Morumbi.

Em frente ao escritório de Fabrizio está o Hotel Fasano, com os restaurantes Fasano e Nonno/Gero e o Baretto, bar sofisticado na melhor tradição familiar. Quem chega à rua Haddock Lobo e olha à esquerda vê ainda o pequeno e austero prédio que abrigou, por 13 anos, o restaurante que foi apoteose na cidade. Diante dele, o Gero, repleto o tempo inteiro. Sem esquecer que Fabrizio mora a quadra e meia dali, basta virar à direita na rua Bela Cintra e chegar. Um pequeno domínio gastronômico, cujo marco inicial começou há cento e dez anos.

Depois de tomar o café em casa, ele vai para o escritório entre 10 e 10h30. Lê os jornais *Folha de S.Paulo* e o *Estado de S.Paulo*. Assina *Veja*, *Carta Capital*, *Isto É*, *Exame* e *Poder* que giram em torno do mundo em que sempre viveu. Navega na internet, busca informações, pesquisa. Num canto da sala está um litro de Old Eight, a provocar nostalgia. A secretária Fatima Samia traz a correspondência pessoal e profissional, os e-mails, abre a agenda. Em geral, são almoços, jantares, algum encontro com amigos da Associação Brasileira do Whisky, ABCW, ou da Diageo, donos de restaurantes como Carlos Bettencourt, do A Bela Sintra, Massimo Ferrari, o fotógrafo Luis Tripolli, o médico de uma vida Fernando Nóbrega, advogados. É a hora em que assina documentos e cheques.

Luis Tripolli: "Seu Fabrizio é um encantador"

"Eu conhecia o senhor Fabrizio Fasano desde a história do Old Eight, porque lidava com publicidade e a saga do uísque tornou-o uma lenda. Sabia também, desde pequeno, a força da marca Fasano, porque quando vinha do Rio para São Paulo, para visitar minhas tias, elas me levavam para tomar chá na confeitaria da avenida Paulista. Portanto, tinha essas referências. Conheci Rogério Fasano em 1983, e a partir dele me aproximei do senhor Fabrizio; porém, nossa convivência se acentuou depois da inauguração do restaurante da Haddock Lobo". Luis Tripolli, 64 anos, fotógrafo, pioneiro em fotos de moda e mulheres nuas, colaborador de *Playboy*, *Fairplay*, *Claudia*, *Vogue* e autor de quatro livros, *Meus olhos*, *Mulata*, *Quase todos meus amores* e *Arquivo secreto*, é amigo de longa data. Um dos grandes conhecedores da noite paulistana. Amigo pessoal de Fabrizio, sempre se refere a ele como "senhor" ou "seu".

"Ele parecia um personagem de cinema, com aquele charme e a elegância que só se via lá pelos anos 1930. Era um homem que encantava a todos, principalmente às mulheres, pela civilidade, pelo carisma, pela extrema educação, pela generosidade, pelo carinho no trato com todos. A certa altura, quando eu frequentava os restaurantes, cada vez que via Andrea e me aproximava dela, percebia um movimento sutil de Fabrizio em minha direção, e em poucos minutos conseguia afastar a filha. Porque, sendo eu um fotógrafo de mulheres nuas e tendo aberto o *Café Photo*, em sua fase anterior e não no que se transformou depois que vendi, eu devia significar ameaça à filha. Seguro morreu de velho. Tudo mudou à medida que solidificamos nossa amizade e me transformei não num cliente, mas em um amigo. A coisa mais bonita que seu Fabrizio fez comigo, entre outras, foi quando nasceu minha filha Carmela, hoje com nove anos. Minha mulher, Adriana, e eu fomos surpreendidos em casa. Ele foi a primeira visita, quase na madrugada, com os braços cheios de flores. E foi recebido por mim ainda com as roupas que durmo, de camiseta e cueca samba-canção. Descobri depois que ele também fica assim em casa. Porque uma vez que minha mulher foi à casa dele, fotografar a mulher do Fabrizinho que estava grávida, e assim o encontrou. Ele a convidou para o café da manhã, com toda a naturalidade, vestido na sua cueca e com camisa. Sem perder a postura de um gentleman. O senhor Fabrizio esteve em todos os acontecimentos importantes de minha vida, nos lançamentos de livros, abertura de exposições, eventos, o que fosse. É um homem que se dá para os amigos, coisa rara. E a expressão certa para defini-lo é mesmo 'um homem encantador'."

Há dois anos, Daisy, que se confessa sempre apaixonada, voltou para ele, ainda que cada um continue tendo sua própria casa. Desde que sua saúde se fragilizou, Fabrizio passou a ter em torno uma retaguarda familiar atenta. Se não tem almoço com algum amigo ele vai à casa de Daisy – e fica por lá até a noite –, ou ambos optam por algum restaurante. Daisy mora atrás do Clube Pinheiros, lugar aprazível, com muito verde. Muitas vezes, porém, ele almoça no próprio escritório; Fatima providencia a comida. A vida tornou-se sedentária e ele se ressente disso: o agito sempre fez parte de sua vida.

Como bom italiano, a família precisa estar sempre em torno, ou perto, ao alcance. Todos dizem que Fabrizio, a vida inteira, jamais deixou de comemorar com filhos, noras e netos as datas festivas tradicionais, incluindo Dia das Mães, Dia dos Pais, e tudo mais. Um ritual permanente também é a passagem dominical pela tradicional rotisserie Bologna, de onde leva para Daisy coxinhas ou empadas, celebradas pela excelência.

Pequenos detalhes reveladores. Este Fabrizio inquieto, hiperativo, homem da noite, sedutor, empreendedor, é organizadíssimo, metódico, quando se trata de roupas e meias. Suas calças, camisas, qualquer peça, têm de estar bem passadas e com vinco. Seu closet é uma perfeição de ordem, estabelecida por ele mesmo. As meias classificadas na sequência de cor: cinza, azul claro, azul escuro, azul marinho, preta, e assim por diante. Não admite que se façam os habituais rolinhos, elas precisam estar dobradas, para não desfiarem.

Netos fazem link entre gerações

Na quietude do seu escritório – a rua é silenciosa –, Fabrizio acompanha as gerações que o sucederam. Os netos são capítulo à parte, adoram o avô, conhecem o seu mito. Camila, com 29 anos, e Carolina, 25 anos, são filhas de Andrea. Camila está no marketing da revista *Veja,* fazendo ponte no tempo com o trabalho que o avô desenvolveu na Editora Abril nos anos 1960. Carolina, excelente aluna desde pequena, se formou em psicologia. Apaixonada pela profissão, mantém sua agenda sempre lotada entre cursos e atendimentos. Caetano, 26 anos, é o braço direito da mãe no bufê. Inquieto, sentia-se sem rumo até que o tio Rogério o convenceu a fazer um curso de hotelaria na Suíça, seguido por um estágio no Hotel Kempinski, das redes mais luxuosas do mundo, fundada em Berlim em 1897. Voltando ao Brasil, Caetano juntou-se à mãe em um projeto de uma empresa de alimentação e catering. No bufê, supervisiona, administra, planeja, faz relacionamentos, heranças do bisavô Ruggero e do avô Fabrizio.

Depois de 13 anos trabalhando com o pai na importação e exportação de bebidas, vivendo inclusive o período de abertura de mercado de Fernando Collor, Fabrizio Júnior, casado com Denise Caovilla e pai dos gêmeos Antonioni e Lorenzo, desligou-se do grupo Fasano e mergulhou na propaganda, ficando dez anos na agência F/Nazca. Depois, tornou-se fotógrafo free-lancer. Começou fotografando cavalos, o que o levou à publicação do livro *Duas Paixões,* ou seja, a fotografia e os animais. Mais tarde lançou um segundo livro, *Olhares,* e prepara uma exposição sobre Nova York, que será vista sob ângulos inesperados. Um de seus melhores momentos é acompanhar os filhos, hoje com 15 anos, nas partidas de tênis. Eles pretendem ser profissionais e estão abrindo caminho para isso.

Anna Romero Fasano, hoje com 22 anos, é filha do primeiro casamento de Rogério com Maria Cristina Rodrigues Romero, Kiki. Anna mantém um blogue de moda de enorme audiência, o que a remete aos tempos em que o avô teve uma editora nas mãos, a Três, com uma revista feminina de grande tiragem, a *Mais*. Anna, em plena era digital, informa, dá consultorias, fazendo um link no tempo com Patricia Carta, que comanda a top fashion *Harper's Bazaar*. Sem esquecer que o avô foi um dos fundadores da *Vogue* junto com LuisCarta, mantida por Andrea Carta por 30 anos. Uma linha direta na genealogia de moda. Rogério depois se casou com Ana Luiza de Aguirre Joma, e tiveram o Vittorio Aguirre, hoje com 7 anos. Em família, comenta-se que a timidez que Rogério demonstrava na infância é semelhante à de Vittorio, cujo nome vem do trisavô.

...Quanto mais longe, melhor ...

Os finais de semana de Fabrizio podem ser, ocasionalmente, no sítio do filho Fabrizio Júnior, que cria cavalos em Sorocaba. Ou, quando há feriado prolongado, no SPA Sete Voltas, o resort de Myrian Abicair próximo a Itatiba. Uma de suas últimas viagens ao estrangeiro foi a Londres, ano passado, acompanhado por Daisy e Andrea. Esta comenta: "Ele estava ágil, caminhava, quase corria, estava difícil acompanhá-lo, interessado em tudo." Hoje, anda pouco.

Em uma entrevista que deu em 2012 ao site da Associação Brasileira de Bares e Restaurantes, Abrasel, Fabrizio confessou: "Meu pai nunca pediu que eu seguisse esse ramo e eu também não pedi isso aos meus filhos. A decisão do Rogério foi totalmente dele. Assim como não pedi ao Fabrizinho, que hoje é fotógrafo e faz belíssimas exposições. Já a minha filha, Andrea, preferiu fazer bufê, o que não deixa de ser do ramo, e ela também trabalha sem parar. Muitas vezes me perguntam quando vou deixar de trabalhar e como está sendo conduzido o processo sucessório. Isso não existe. Não pretendo deixar de trabalhar e os que vêm vindo são mais competentes que eu e vão dar continuidade. Aliás, quanto mais eu saio da cola deles, melhor eles acham..."

Fabrizio e Andrea ainda costumam, com menor frequência, claro, sentar-se a uma mesa do Fasano, comentando as mudanças de São Paulo, da sociedade, a transferência do dinheiro. O restaurante é um termômetro das transformações sociais e econômicas.

O diálogo entre o pai e Rogério é constante, às vezes áspero, às vezes suave. O pai sabe que a paixão de Rogério são os restaurantes, sua carne, osso, vísceras. Rogério é claro ao admitir que fez a família retornar ao business original, reconstruindo a marca Fasano com todo apoio, incentivos e a busca de investimentos pelo pai. Na última conversa que tive com Rogério, a certa altura ele ergueu a cabeça, olhos brilhando, e disse com emoção: "Tenho certeza de que dentro de minha profissão sou uma pessoa admirada e respeitada. Porém, meu pai é muito mais. É admirado, respeitado e amado."

As coisas estão acomodadas, o que não impede que amanhã possa vir uma notícia que abale tudo. Uma grande mudança, uma venda, uma associação, um empreendimento audacioso. O discreto riso irônico de Fabrizio denuncia isto. Os Fasano estão sempre prontos a inovar, inventar, mudar os rumos.

Viver intensamente

A secretária Fatima Samia, há 13 anos com Fabrizio, entra na sala e entrega o e-mail. Ali se lê:

CAVES
V
I
A
G
R
A

Ele sabe o que é, marca, ou avisa Fatima que não irá. É a Confraria criada por seu amigo Eduardo Saddi, que se reúne semanalmente às quartas-feiras para um almoço no restaurante Santa Colomba, na alameda Lorena, duas quadras acima. O cardápio é fixo, os vinhos estão escolhidos. Ele deixou de frequentar por um tempo, agora voltou, ainda que intermitentemente, dependendo do humor, da disposição. Traduzamos o que parece linguagem cifrada, o que é uma coisa e é outra:

Confraria de **A**migos do **V**inho **E**duardo **S**addi

Viver
Intensamente
Angariando Grandes e
Reais
Amizades

Ele, que afirma ter poucos amigos, na verdade tem muitos e ainda curte a companhia, reunindo-se com eles na Confraria do Saddi (oficialmente são 50 membros) ou frequentando a do Miguel Ethel. Quando vai a esses almoços ele se reanima, volta cheio de histórias. A proibição de se tocar em assuntos polêmicos é mantida até um determinado número de copos de vinho, dos melhores. Se for branco, um francês ou chileno, Chardonnay 2007. Se for tinto, um italiano Cabernet ou um francês Bordeaux.

Auro Aluisio Prado de Moura Andrade: Levantou o nome de maneira espetacular

"Fabrizio está no inconsciente coletivo do paulistano", diz Auro Aluisio Prado de Moura Andrade, que com ele se relaciona estreitamente há décadas. Ambos costumavam atracar seus barcos juntos e compartilhar a navegação em Angra dos Reis, Alcatrazes e outros refúgios do litoral. "Ele é um homem que encanta, não conheço uma só pessoa que não goste dele." A diferença de idade entre os dois é de seis anos mas à medida que o tempo passa, as idades se igualam. "Um homem arrojado. Lembro-me de que, quando estava construindo o Fasaninho, na rua Amaury, eu visitava as obras e me espantava: 'Como você vai pagar tudo isso?' E ele, corajoso: 'Isso vai se pagar aqui.' Cheio de carisma, Fabrizio levantou seu nome de maneira espetacular." Auro e Fabrizio se encontram eventualmente no restaurante Santa Colomba, na reunião da Confraria às quartas-feiras. Trata-se de um grupo iniciado por Eduardo Saddi e que se encontrava a princípio no restaurante Le Coq Hardy. São mais de 50 membros, mas os que frequentam mesmo com regularidade chegam a cerca de 20. Entre outros, nomes como Renato Malzoni, Roberto Gasparian, Rubens Dryzun, Manuel Garcia, Sergio Badaró, Durval Silveira, Ivan Ferrarezi, João Alves Veloso, Alencar Burti, Humberto Delboni, Waldemar Verdi, Roberto Moreira. A Confraria come, bebe e conversa. Assuntos proibidos são política, religião e negócios. "Mas acaba-se falando de tudo. O que andamos sentindo falta, com a ausência de Fabrizio, que tem ido pouco, são de suas histórias, seu humor e, principalmente, da sua ironia sutil."

À tarde, invariavemente, ele vai para a casa de Daisy. No começo da noite, para jantar, decidem entre o A Bela Sintra, o Nagayama, o Jun Sakamoto, o Parigi, o Gero ou o Fasano. A escolha mais recorrente tem sido o Jun. Tanto que, quando ele não aparece, o chef liga para saber se pode liberar os lugares eternamente reservados. O homem que, junto com o filho Rogério, mudou o conceito de comer comida italiana, não prescinde também de um japonês. "O incrível", dizem os amigos, "é que Fabrizio é um homem tranquilo, vai aos restaurantes dos outros, prestigia, é seguro".

O final é quase prosaico, simples. Porque, como disse, não é final. No fim da noite, Fabrizio senta-se no restaurante Fasano e pede o seu vinho do Porto. Olha em torno, vê Mario Edison ao piano, conversa com Manoel Beato, o sommelier, com Almir, o maître, também com os garçons. Isto o retempera. Troca uma palavra, dá um beijo em Rogério, sempre por ali. Toma um último cálice do que ele chama "meu portinho", expressão que pode ser um símbolo ou a imagem poética do que aquele momento e aquele lugar significam. Levanta-se e parte. Assim, todas as noites.

Este livro foi composto em
Original Garamond
e impresso para a LeYa
em setembro de 2013.